Antje Bostelmann, Michael Fink

Digital Genial

Erste Schritte mit Neuen Medien im Kindergarten

Digital ingenious

First steps with new media in nurseries

Impressum

Digital Genial
Erste Schritte mit Neuen Medien im Kindergarten

Digital ingenious
First steps with new media in nurseries

Autoren
Antje Bostelmann, Michael Fink

Fotos
Barbara Dietl – www.dietlb.de
Silke Schaper
Melanie Haacke
Heidi Ullrich
S. 27 rechts: © Anna – Fotolia.com

Gestaltung
Annika Zipperling

Satz
Jeanette Frieberg, Buchgestaltung | Mediendesign

Lektorat
Katharina Koch

Übersetzung ins Englische
Matthew Popplewell für Lund Languages, Köln

Druckerei
Druckerei Uwe Nolte, Iserlohn
Gedruckt auf chlorfrei gebleichtem Papier

Verlag
Bananenblau – Der Praxisverlag für Pädagogen
E-Mail: info@bananenblau.de
www.bananenblau.de

ISBN 978-3-946829-25-6
2., erweiterte Auflage 2018

Die Fotos wurden in der Klax Vorschule Regenbogenhaus sowie in der Klax Kinderkrippe Sonnenhaus in Berlin aufgenommen.

Inhalt

Contents

Vorwort

Foreword

Ein Wort zu Beginn

Immer und überall online sein – unsere heutige Gesellschaft scheint sich diesem Ziel verschrieben zu haben. Es sind längst nicht nur die Jugendlichen, die stets ein Smartphone in der Hand halten und gebannt darauf herumtippen. Fast alle Generationen unserer Gesellschaft sind online und zeigen dies auch. In den Schulen ist es ein wichtiges Ziel, möglichst jedes Kind frühzeitig an digitale Technologie heranzuführen. Große Stiftungen und Ministerien geben Geld aus, um Schulen entsprechend auszustatten und Lehrer fortzubilden. Schulbuchverlage arbeiten mit Hochdruck daran, Lerninhalte und -aufgaben auch digital anbieten zu können. Dabei hinken deutsche Schulen, wenn man unsere Nachbarländer betrachtet, eher hinterher: In vielen anderen europäischen Staaten ist es längst zum Standard erhoben worden, von Beginn der Schullaufbahn an mit Computer oder Tablet zu lernen.

Aber was ist mit dem Kindergarten? Vielen Erwachsenen geht es zu weit, wenn sie an Tablets oder Laptops in den Händen von Klein- und Vorschulkindern denken. Für die Altersgruppe der Ein- bis Sechsjährigen wird nicht in Chancen gedacht, sondern viel über Gefahren diskutiert. Ist es nicht die Aufgabe wenigstens des Kindergartens, einer immer virtueller werdenden Welt etwas entgegenzuset-

Um den Lesefluss nicht zu behindern, haben wir im Fließtext meistens die weibliche Form gewählt. Es dürfen sich aber immer beide Geschlechter angesprochen fühlen.

A few opening remarks

Being online everywhere, all the time is a goal that our modern society appears to have set itself. Young people are by no means not the only ones with a smartphone constantly in their hands, typing away mesmerised. Almost all generations in our society are online and behaving in the same way. In schools, introducing every child to digital technology at an early stage is a major objective. Large foundations and government ministries make funding available for providing schools with appropriate equipment and training educators. Educational publishers are working hard on making learning content and learning tasks available in digital format, too. This is an area in which German schools are lagging behind somewhat compared with our neighbours. In many other European states, learning to use computers and tablets from the first day of school onwards has become standard practice.

But what about nurseries? Many adults consider it a step too far to place tablets and laptops in the hands of toddlers and preschool children. When it comes to one- to six-year-olds, there is a great deal of talk about risks and very little about opportunities. Is it not the job of nurseries at least to do something to counteract the increasing virtualisation of our world?

zen? Man kann es auch anders sehen. Eine der wichtigsten Aufgaben des Kindergartens ist es, all die Themen aufzugreifen, die Kinder in ihrem Alltag bewegen. Wenn Kinder „Einkaufen", „Saubermachen", „Büro" oder „Bauarbeiter" spielen, greifen Kindergärten das selbstverständlich in Spielangeboten und Projekten auf. Genauso beobachten Kinder aber auch das oft mit hoher Aufmerksamkeit vollzogene Handeln der Erwachsenen und älteren Kinder in Bezug auf digitale Medien, und gerade diese Aufmerksamkeit und emotionale Beteiligung macht die Kinder neugierig. Was rechtfertigt es, dieses ganz selbstverständliche Interesse der Kinder zu ignorieren, weil es vielleicht unserer Vorstellung einer guten Kindheit widerspricht?

Wir finden, dass Kinder das Recht darauf haben, sich mit der Thematik der digitalen Medien auseinanderzusetzen. Darüber hinaus haben sie, wie unsere Erfahrungen zeigen, auch hervorragende Fähigkeiten, um sich das Themengebiet auf eine aktive, durchaus kreative Weise anzueignen, die gar nicht dem Klischee des im Mediengebrauch versinkenden Kindes entspricht. Wir möchten diese beim Ausprobieren gewonnene Überzeugung weitergeben: Tablets und Smartphones in Krippe und Kindergarten machen bei richtigem Einsatz Sinn. Sie bieten eine ganze Reihe von Chancen, die Arbeits- und Lernqualität zu verbessern, interessante und spannende Angebote zu generieren und zeitsparend zu beobachten und zu dokumentieren.

Es kommt darauf an, die neue Technik als ein weiteres Werkzeug anzusehen, welches uns bei der Umsetzung unserer pädagogischen Ziele helfen soll. Der Kindergarten muss dafür Sorge tragen, dass die Kinder digitale Kompetenzen erwerben und beim Eintritt in die Schule in der Lage sind, kritisch und reflektiert mit dem Thema Internet umzugehen. Nach neuesten Studien glauben viele Jugendliche zwischen elf und 14 Jahren, dass *Google* eine Person

Well, there is another way of looking at it. One of the key tasks of nurseries is to address all the issues that children encounter in daily life. When children play shopping or tidying up, or pretend to be office workers or builders, then it is normal for nurseries to incorporate these activities into their games and projects. In exactly the same way, children observe the often highly focused actions of adults and older children when using digital media, and it is precisely this focus and emotional involvement that awaken children's curiosity. How can we justify ignoring this very understandable interest on the part of children, just because it might conflict with our idea of a good childhood?

We believe that children have a right to explore the topic of digital media. Additionally, as our experience shows, they have a superb ability to get to grips with this topic area in an active and thoroughly creative way, completely dispelling the cliché of children being consumed by their use of media. This is a conviction that we have come to hold through experimentation and one we wish to pass on: When used appropriately, tablets and smartphones can be beneficial to crèches and nurseries. They offer a wide range of opportunities for improving the quality of work and learning, creating interesting and engaging activities, and observing and documenting those activities in a time-saving manner.

It is all about seeing new technology as another tool that can help us to implement our educational goals. Nurseries must ensure that children acquire digital skills and are able upon starting school to engage with the topic of the internet in a critical and reflective way. According to the latest studies, many young people between the ages of 11 and 14 believe that Google *is a person! They can use computers to play games, but not to write texts or generate information.*

ist! Sie können den Computer zwar zum Spielen benutzen, nicht aber, um Texte zu schreiben und Informationen zu generieren.

In diesem Buch zeigen wir eine ganze Reihe von pädagogisch durchdachten Einsatzmöglichkeiten der Tablet-Technologie. Zu Beginn des Buches erläutern wir, wie Medienpädagogik im Vorschulbereich gelingen kann und welche großen Chancen die Neuen Medien dabei bieten. Aber auch die Bereiche Sprachförderung, Naturwissenschaft, Kunst und Bewegungserziehung profitieren vom Einsatz der Technik.

Wie immer möchten wir Sie anregen, unsere Vorschläge auszuprobieren und uns Ihre Erfahrungen mitzuteilen. Schreiben Sie uns an info@bananenblau.de.

Wir freuen uns auf Ihre Meinung, Ihre Ideen und Anregungen.

Antje Bostelmann und Michael Fink

In this publication, we outline a whole range of educationally sound options for using tablet technology. At the beginning of the book, we explain what makes up a successful media education approach in the preschool sector and identify the major opportunities offered by new media. Technology can also be used to promote language learning, the sciences, art and physical education.

As always, we encourage you to try out our suggestions and let us know how you get on. E-mail us at info@bananenblau.de.

We look forward to hearing your opinions, ideas and suggestions.

Antje Bostelmann and Michael Fink

Medienpädagogik in Krippe und Kindergarten

Media education at nursery level

In pädagogischen Kreisen spricht man häufig von *ICT*, wenn vom Einsatz Neuer Medien die Rede ist. ICT ist die englische Abkürzung für *information and communications technology*, steht also für Informations- und Kommunikationstechnologie. Untersucht man diese Begriffe, wird schnell klar, dass sie das Kernthema der Medienpädagogik bilden.

Information

Das Internet versorgt uns mit jeder gewünschten Information. Von Nachrichten, dem morgigen Wetter und Reiseinformationen bis hin zu Ratschlägen und Tipps zu allen Lebenslagen. In Foren oder sozialen Netzwerken erfahren wir, was andere denken und was sie gerade tun. Jeder muss für sich entscheiden, was er mit den vorgefundenen Informationen anfangen will und was er selbst zur Informationsflut beitragen möchte.

„Kann man alles glauben, was Fernsehen oder Zeitung vermitteln?", hieß die zentrale Frage der Medienpädagogik in den Siebzigerjahren. Im neuen Jahrtausend ist diese Fragestellung viel weiter zu fassen und aktuell wie nie.

In educational circles, we often use the term ICT, *short for* information and communications technology, *when discussing the use of new media. When we examine this term, it quickly becomes clear that it embodies the key topic of media education.*

Information

The internet provides us with all the information we desire, from news, the weather forecast and travel information to advice and tips on every area of life. Forums and social networks allow us to discover what others are thinking and what they are doing in a given moment. We each have to decide what we wish to do with the information we find and what we ourselves wish to contribute to the flood of information.

"Can we believe what the television and the newspapers tell us?" was the central question in media education in the 1970s. In the new millennium, this question is broader and more pertinent than ever.

Kommunikation

„Wer schreibt eigentlich das Internet? Das muss ein sehr kluger Mensch sein, der alles weiß!", fragt Laura, ein vierjähriges Kindergartenkind. Sie hatte beobachtet, dass Erwachsene und auch ihre älteren Geschwister immer dann, wenn eine Diskussion an einer offenen Frage zu eskalieren droht, die Antwort im Internet suchen und meistens auch finden.

Aus ihrer Frage spricht das kindliche Vertrauen in die Erwachsenen, diese großen, schlauen Alleskönner. Ganz natürlich gehen Kinder in diesem Alter davon aus, dass einer von ihnen all das Wissen für andere bereitstellt. Dass dies nicht so ist und dass wir deshalb sehr genau abwägen müssen, wie wir mit den Informationen aus dem *world wide web* umgehen, haben auch wir Großen erst in den letzten 20 Jahren lernen müssen – und sind immer noch dabei. Dieses Lernen und Zurechtfinden in der sich rasant entwickelnden digitalen Welt sollten wir mit unseren Kindern teilen. So entsteht eine Umgangskompetenz mit den digitalen Medien, die sich bei weitem nicht nur in der Fähigkeit ausdrückt, Geräte zu bedienen. Die wesentliche Kompetenz besteht darin, die Geräte, die Möglichkeiten des Internets und die vielen sich ständig erweiternden Technologien so zu nutzen, dass sie die eigenen Ziele unterstützen und das Leben bereichern.

Technologie

Ob Dampfmaschine, Buchdruck oder Computer: Die technischen Revolutionen der Menschheitsgeschichte haben stets Werkzeuge hervorgebracht, die unser Leben verändert und in den meisten Fällen wesentlich verbessert haben. Technik verstehen, benutzen und weiterentwickeln zu können ist eine wichtige Fähigkeit, die Heranwachsende erwerben müssen.

Communication

"Who actually writes the internet? It must be a very clever person who knows everything!", asks Laura, a four-year-old nursery child. She had observed how, when discussion about an open question risked becoming heated, adults and her older siblings always looked for and, in most cases, found an answer on the internet.

Her question reflects the trust children place in adults as big, clever people who can do anything. It is quite natural for children of this age to assume that one of them provides all the knowledge to the others. In fact it is only in the

So sollte bereits im Kindergartenalter mit diesem Kompetenzerwerb begonnen werden. Kinder lernen, indem sie uns beobachten und nachahmen – auch dabei, wie wir auf Schritt und Tritt mit Technik hantieren und so schon für Babys Berührungspunkte mit der technisch-medialen Welt schaffen.

Für Krippen und Kindergärten bedeutet dies: Medien und Technik müssen in den Alltag sinnvoll integriert werden. Dabei geht es gar nicht darum, einfach Tablets und Smartboards für die Gruppe anzuschaffen. Es geht vielmehr darum herauszufinden, welche Fragen die Kinder beschäftigen und wie diese am besten von den Kindern selbst beantwortet werden können. Der Erwachsene gestaltet dazu die Lernumgebung der Kindergartenkinder, indem er Materialien bereitstellt oder Ausflüge plant. Technik und Medien sind dabei nur Werkzeuge.

last 20 years that we adults have had to learn, and are still learning, that this is not the case and that we should therefore consider very carefully how we handle the information we find online. We should invite our children to join us on this journey of learning and finding our bearings in a rapidly developing digital world. This will allow them to develop skills for interacting with digital media that go far beyond simply knowing how to operate devices. The real skill involves using the opportunities offered by the internet and the many ever evolving technologies in a way that supports our own goals and enriches our lives.

Technology

Whether we are talking about the steam engine, the printing process or computers, the technological revolutions in human history have always been brought about by tools that have changed our lives, in most cases very much for the better. Being able to understand, use and develop technology is a key skill that adolescents need to acquire, which is why the acquisition process should begin at the nursery stage. Children learn by watching and imitating us, including our every twist and turn as we fiddle with technology, creating for them in the process points of contact with the world of technology and media even when they are still babies.

For crèches and nurseries, this means that media and technology must be meaningfully integrated into daily life. This certainly does not mean simply purchasing tablets and smartboards for the group. Rather, it is about finding out what questions are on the children's minds and how they can best answer them themselves. Adults shape the learning environment for the nursery children in this context by providing materials and planning trips. Technology and media are simply tools in the process.

Welche Medien benötigt ein Kindergarten? Zu den wichtigsten Medien zählen das Buch, die Hör-CD oder die Kinderzeitschrift. Unverzichtbar ist ferner die Digitalkamera. In den neueren Technologien vereinen sich diese Dinge. Smartphones und Tablets verfügen über eine brillante Fototechnik, speichern elektronische Bücher und Zeitschriften und stellen Informationen zur Verfügung, welche auch immer und wo immer wir sie brauchen. Die Geräte bieten für Krippe und Kindergarten enorme Chancen. Die von Zeitmangel, wenig Personal und knappen Finanzen geplagte Welt der frühkindlichen Bildung und Betreuung findet in der Tablet-Technologie ein Angebot, welches Flexibilität schafft, die Selbstaktivität der Kinder stärkt und Ressourcen spart. Welche Möglichkeiten es dabei gibt, werden wir in den einzelnen Kapiteln dieses Buches konkret erläutern.

Which media does a nursery need? The key media include books, audio CDs and children's magazines. A digital camera is also indispensable. More recent technologies combine all these elements. Smartphones and tablets have excellent photographic technology, store electronic books and magazines and provide us with any information we require wherever we require it. Such devices offer tremendous potential for crèches and nurseries. For the world of early years education and childcare, plagued as it is by time pressure, staff shortages and limited finances, tablet technology provides flexibility, encourages children's own activity and saves on resources. We outline in detail the opportunities available in the individual chapters of this book.

Einblicke: Wie Neue Medien den Kompetenzerwerb der Kinder unterstützen können

Insights: How new media can support children in their skills development

Die Kinder zu fördern und ihre Entwicklung zu unterstützen ist Kernauftrag des Kindergartens. Jedes Medium in Form technischer Geräte dient als Werkzeug, das die Erzieherin bewusst einsetzt, um das Erreichen ihrer pädagogischen Ziele zu unterstützen.

Darum geht es:

Persönliche Kompetenzen fördern

Persönliche Kompetenzen, also Sprach- sowie soziale Kompetenz, sind wohl die wichtigsten, die ein Mensch braucht. Viele pädagogische Ideen, Methoden und Maßnahmen werden entwickelt, um sie zu fördern. Oft lassen sie sich nur im Zusammenhang fördern, denn Sprache bedingt soziale Teilhabe und die soziale Gemeinschaft wird durch Sprache gesteuert. Mit Mikrofon, Aufnahmefunktion und Sprachprogrammen ausgestattet, können einfache Endgeräte wie Tablets hier viel Unterstützung leisten.

Beispiel: Luca aus Spanien
Immer häufiger sehen sich Erzieherinnen der Situation gegenüber, dass ein Kind in die Gruppe kommt, welches kein Wort Deutsch spricht. So ist es bei Luca aus Spanien, dessen Erzieherin seine Muttersprache nicht versteht. Wie kann das Ziel erreicht werden, Luca die Möglichkeit zu geben, in seiner Muttersprache zu kommunizieren und

Promoting children's development is the central mandate of the nursery. Each medium in the form of technological devices is a tool that educators can use intentionally to aid the achievement of their educational goals.

Focus on:

Promoting personal skills development

Personal competencies such as language and social skills are arguably the key ones for us as humans. Many educational ideas, methodologies and measures are being developed to promote these competencies. Because language affects social participation and social community is steered by

von dieser sicheren Basis aus auch die deutsche Sprache zu erlernen? Hier hilft das Tablet mit einer App mit Spracherkennungsmodus, die für einige Zeit Kommunikationshilfe für Kinder und Erwachsene werden kann: Luca spricht und das Tablet übersetzt. Der Einsatz dieses Helfers hat noch weitere positive Folgen. Luca ist zunächst wie viele fremdsprachige Kinder in der Gruppe isoliert, weil die anderen Kinder nicht mit ihm kommunizieren können und ihm mit der Zeit immer weniger Beachtung schenken. Der Einsatz des Tablets macht Luca wieder interessant. Als Bediener des Gerätes wird er zeitweise zum Mittelpunkt der Gruppe, wie an dem Tag, an dem er mit dem Tablet vorführt, wie man auf Spanisch zählt.

Die Wahrnehmung schulen

In den ersten Lebensjahren entwickeln Kinder ihre Wahrnehmungsfähigkeit stetig weiter. Immer besser gelingt es ihnen, die vielen auf sie einprasselnden Eindrücke zu verarbeiten und einzuordnen. Tablet, Computer und Digitalkamera helfen ihnen dabei, indem sie den subjektiven Blick der Kinder durch eine objektive Sicht auf die Welt ergänzen, die sich genau betrachten lässt.

Beispiel: Die Katze im Fliederbusch
Die Gruppe der Vierjährigen aus dem schwedischen Kindergarten Klossen hat sich heute vorgenommen, den Frühling zu untersuchen: Was hat sich in der Natur nach dem langen Winter verändert? Die Kinder suchen nach Blumen und Insekten, machen Fotos und diskutieren darüber, ob Bienen genauso gefährlich wie Wespen sind. Zwei Kinder haben die Tablets der Gruppe mitgenommen und filmen das Geschehen.

language, these skills can often only be fostered in context. When equipped with a microphone, recording function and language programs, simple devices such as tablets can provide a great deal of support in this area.

Example: Luca from Spain
Educators are increasingly facing situations in which a child who does not speak a word of German joins the group. This is the case for Luca from Spain, whose educator does not understand Spanish. How can we achieve the goal of allowing Luca to communicate in his mother tongue, and thus provide him with the security he needs to also learn German? This is where the tablet comes in, with a language-recognition app that serves for a while as a communication aid for the children and adults. Luca speaks and the tablet interprets what he says. There are other positive results of using this tool. Like many children speaking a foreign language, Luca is initially isolated, as the other children are unable to communicate with him and gradually begin to pay him less and less attention. The introduction of the tablet makes them interested in Luca

Wieder zurück im Kindergarten gehen die Kinder ins Atelier, um die gesammelten Eindrücke in ein Frühlingsbild einfließen zu lassen. Dazu sieht sich die Gruppe die entstandenen Filme auf dem Tablet an. Die Kinder sind fasziniert und überrascht, denn niemand hat die kleine Katze im Fliederbusch bemerkt! Erst der Film zeigt das kleine Tier in seinem Versteck. Am Nachmittag hängen in der Garderobe keine Bilder mit Frühlingsblumen, sondern viele Portraits der kleinen Katze ...

Bewegungskompetenz fördern

Laufen lernen, auf einem Bein hüpfen können und das Klettergerüst erklimmen: Es macht Kinder stolz, ihren Körper mehr und mehr zu beherrschen. Auch wenn Tablets und Computern oft unterstellt wird, ihre Benutzung mache die Kinder phlegmatisch, ist bei einer klugen und gezielten Arbeit mit diesen Instrumenten das Gegenteil der Fall. Mit mobilen Geräten lassen sich unendlich viele Bewegungsspiele unterstützen.

Beispiel: Ich sehe was, was du nicht siehst
Sophie nimmt sich einen kleinen Ball und die Digitalkamera. Während die anderen Kinder ihrer Gruppe warten, sucht sie im Raum nebenan ein Versteck. „Da unter der Treppe, das findet niemand ...“ denkt sie, rollt den Ball darunter und legt sich flach auf den Boden, um eine

once again. As the device user, he temporarily becomes the centre of the group's attention, such as on the day when he uses the tablet to show the other children how to count in Spanish.

Training cognitive abilities

In their first few years of life, children progressively develop their cognitive abilities. They become increasingly capable of processing and categorising all the impressions that come their way. Tablets, computers and digital cameras help them in this regard by supplementing their subjective perspective with an objective view of the world that can be precisely examined.

Example: The cat in the lilac bush
The four-year-olds' group at the Swedish Klossen nursery are going to investigate spring today: What changes have taken place in the natural environment after the long winter? The children look for flowers and insects, take photos and discuss whether bees are just as dangerous as wasps. Two children have taken the group tablets with them and are filming the activities.

Having returned to the nursery, the children go to the art room in order to create a spring picture from the impressions they have gathered. To this end, the group

So soll digitale Technik sein

Sie ist Mittler zwischen Realität und Virtualität,
einfach zu bedienen und
einfach zu transportieren.

Standards for digital technology

It mediates between reality and virtuality,
is user friendly and
easy to transport.

möglichst verwirrende Perspektive für ihr Foto zu erzielen, um das Erraten des Verstecks zu erschweren. Zurück im Gruppenraum sehen sich die Kinder das Foto an. Wer findet heraus, wo Sophie den Ball versteckt hat?

Fragen zu gesellschaftlichen Zusammenhängen beantworten

„Wo komme ich eigentlich her?" – „Was machen die Leute im Bundestag?" – „Was darf eigentlich ein Polizist?"

Solche und ähnliche Fragestellungen führen das Kind in die Geschichte und Kultur des Landes ein, in der es lebt. Tablets bieten über mobiles oder per WLAN erreichbares Internet den Zugang zu vielen Antworten auf Fragen und Abbildungen zu allen Themen, die die Kinder interessieren.

Beispiel: Der Waldspaziergang
„Was für ein Baum ist das?" Die Kinder erkennen beim Ausflug in den Wald, dass neben ihnen bereits bekannten Bäumen auch immer wieder welche auftauchen, die sie nicht zuordnen können. Früher hätte die Erzieherin die

watch the films they have made on the tablet. The children are fascinated and surprised, as no-one had noticed the small cat in the lilac bush! It is only when they watch the film that they see the animal in its hideaway. In the afternoon, there are pictures hanging in the cloakroom. None of them are of spring flowers, but there are many portraits of the small cat ...

Promoting physical movement

Whether learning to walk, hop on one leg or conquer the climbing frame, children feel proud the more control they gain over their bodies. While it is often alleged that tablets and computers make children lethargic, intelligent and purposeful work with these instruments achieves quite the opposite. Mobile devices can be used to support an endless number of games involving movement.

Example: Find the hidden object
Sophie takes a small ball and the digital camera. While the other children in her group wait, she looks for a hiding place in the room next door. "Under the stairs, no one will find it there ..." she thinks, rolls the ball under the stairs and lies flat on the ground in order to take a photo from the most obscure perspective possible, making it harder to guess the hiding place. Back in the group room, the children take a look at the photo. Who can find out where Sophie has hidden the ball?

Answering questions on societal matters

"Where do I actually come from?" – "What do the people in the parliament do?" – "What are police officers allowed to do?"

These and similar questions introduce the children to the history and culture of the country in which they live. Tablets

Beantwortung wohl vertagt: Lexikon nehmen, sich erinnern, wie der Baum aussah, nachschlagen und abgleichen. Mit der Baum-Bestimmungs-App beginnt hingegen eine fast schon wissenschaftliche Bestimmung des unbekannten Baumes. Die Kinder können per Gerätesteuerung untersuchen, ob der Baum gefiederte Blattstände hat oder wie viele Einzelblätter jeder Zweig trägt und der Antwort auf die Frage schnell näher kommen – ganz ohne Hilfe der Erzieherin.

with a mobile or WiFi internet connection provide access to many answers to questions and illustrations of all the topics in which the children are interested.

Example: The woodland walk

"What kind of tree is that?" During a walk in the woods, the children notice time and again that among the trees with which they are already familiar are others, the names of which they do not know. In the past, the educator would have most probably put off answering the question until later, getting the children to open the dictionary, remember what the tree looked like, look up a tree and compare it to the one they saw. By contrast, the tree identification app begins an almost scientific process of identifying the unknown tree. Using the device, the children can investigate whether the tree has pinnate leaves or how many individual leaves it has on each twig, quickly getting nearer to an answer, without any help from the educator.

Verderben Neue Medien die Spielfreude?

Do new media undermine the joy of playing?

Vieles ist mit den Neuen Medien möglich. Aber was ist mit den vielbeschworenen Nachteilen, dem Versinken in öde Spiele und den vom Bildschirmgeschehen gefesselten Blicken? Klar, die technischen Geräte bannen die Aufmerksamkeit der Kinder. Gerade in den ersten Tagen, wenn die Tabletwelt noch neu ist, stürzen sich alle Kinder darauf. Nach wenigen Tagen schon liegen die Tablets jedoch im Regal und werden nur dann benutzt, wenn Kinder oder Erzieherin eine konkrete Idee für deren sinnvollen Einsatz haben. Denn auch im Medien-Kindergarten wollen Kinder zunächst einmal mit ihren Freunden zusammen echte Spiele spielen!

Digitale Technik im Kindergarten – Was brauchen wir?

Unübersehbar ist mittlerweile die Flut an digitalen Endgeräten. Welche Anforderungen müssen diese für den Alltag in Kindergarten und Krippe erfüllen? Wir haben Ihnen an dieser Stelle eine Auflistung an geeigneten Geräten zusammengestellt. Es ist aber bei weitem nicht nötig, all diese Dinge anzuschaffen! Schon einzelne Geräte sind vielfältig nutzbar. Wichtig ist immer das anzuschaffen, was die aktuelle pädagogische Idee unterstützt. Es macht dabei durchaus Sinn, wenn Kindergärten sich zusammenschließen und gemeinsam einen ICT-Gerätepool zusammenstellen und je nach Notwendigkeit untereinander ausleihen und so die Kosten teilen.

Digitalkamera: Diese sollte am besten mit einer großen Speicherkarte und starkem Akku ausgerüstet sein.

New media open up numerous possibilities. But what about the much-discussed disadvantages, children succumbing to playing monotonous games and their eyes becoming glued to screens? Of course, technological devices capture children's attention. In the first few days especially, when they are first introduced to tablets, all the children rush to get hold of them. However, generally speaking, the tablets end up on the shelf after a few days and are then only used when the children or the educator have a specific and beneficial idea for their use. Even in media nurseries, what children want most of all is to play real games with their friends!

Digital technologies in nurseries – What do we need?

It is now almost impossible to fully keep up with the barrage of digital devices. What requirements do these devices have to fulfil for everyday use in nurseries? We have combined a list of sustainable devices for you below. However, it is certainly not necessary to purchase all of these items! Individual devices can be used for a variety of purposes. In all cases, the important thing is to purchase equipment that supports the current educational idea. It certainly makes sense in this context for several nurseries to join forces and create an ICT device pool, sharing the devices and thus the costs with each other.

Digital camera: *These should ideally be equipped with a large memory card and good battery life. Outdoor cameras that are waterproof are also very robust and protected against the entry of dust, sand and water. They can even*

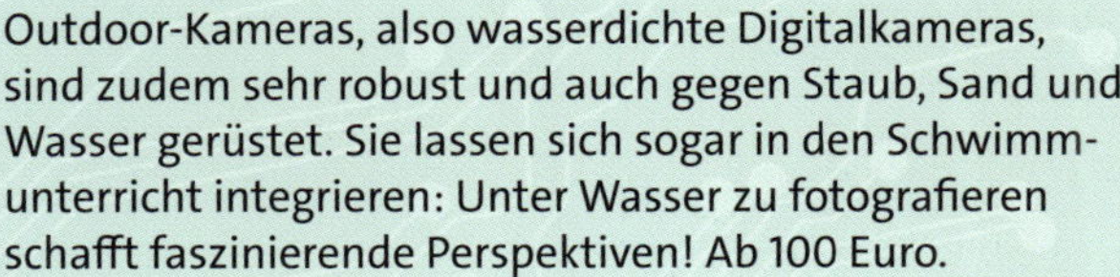

Outdoor-Kameras, also wasserdichte Digitalkameras, sind zudem sehr robust und auch gegen Staub, Sand und Wasser gerüstet. Sie lassen sich sogar in den Schwimmunterricht integrieren: Unter Wasser zu fotografieren schafft faszinierende Perspektiven! Ab 100 Euro.

Tablet-Computer: Tablets passen gut in Kinderhände. Sie sind groß genug, um alles deutlich zu sehen und doch kompakt genug für kleine Hände. Eine wasser- und sanddichte Hülle, die an den Rändern gut gepolstert ist, sorgt dafür, dass weder im Buddelkasten noch bei heftigen Abstürzen etwas passieren kann. Ab 350 Euro.

Minibeamer: Mit einem kleinen Beamer, der über einen Akku aufgeladen wird und so lange Zeit auch ohne Kabel funktioniert, lassen sich tolle Projekte realisieren. Der Minibeamer sollte über einen USB-Anschluss verfügen, um Fotos und Videos schnell auf den Beamer zu laden. Manche Modelle lassen sich auch mit einer Speicherkarte bespielen. Ab 70 Euro.

Dokumentenlampe (Dokumentenkamera): Was aussieht wie eine Nachttischleuchte, projiziert Bilder aus Büchern und Zeitschriften an die Wand. Praktisch – denn so müssen sich nicht mehr alle Kinder um die Erzieherin drängen, wenn diese ein Buch vorliest: Die vorgelesenen Seite samt Illustrationen erscheint für alle sichtbar an der Wand. Ab 40 Euro.

USB-Mikrofon: Das kleine Gerät wirkt wie ein Spielzeug, hat es aber in sich! Die Kinder sprechen hinein, während der integrierte Speicher aufzeichnet. Über einen USB-Stick können dann alle Aufnahmen auf den Computer geladen werden. Wer möchte, brennt den Eltern anschließend eine CD. Ab 40 Euro.

be integrated into swimming lessons: Taking underwater photographs creates fascinating perspectives! From EUR 100.

***Tablet computer:** Tablets are easy for children to hold. They are large enough to display everything clearly, yet compact enough for small hands. A water- and sand-proof casing with good padding at the edges ensures that these cameras do not get damaged in the sandpit or from crashing to the ground. From EUR 350.*

***Mini projector:** A small projector with a rechargeable battery can function for a long period of time without a cable, allowing it to be used for some great projects. The mini projector should have a USB port to allow photos and videos to be uploaded to it quickly. Some models can also take a memory card. From EUR 70.*

***Document lamp:** What looks like a bedside lamp can project images from books and magazines onto the wall. This practical option means that it is no longer necessary for all the children to crowd around the educator when he or she reads a book to them: The page from which the educator is reading appears clearly on the wall, along with any illustrations. From EUR 40.*

***USB microphone:** It may look like a toy, but this device packs a punch! The children talk into it, while the integrated memory records them. All the recordings can then be uploaded to a computer using a USB stick. Those who wish to can subsequently burn a CD for their parents. From EUR 40.*

Externe Festplatte: Ein externes Speichermedium ist nützlich, um alle Fotos und Filme zu speichern, die der Bürocomputer der Leiterin nicht verarbeiten kann. Außerdem lassen sich Daten so bequem von A nach B transportieren. Je nach Speicherkapazität ab 70 Euro.

Egg-Mikroskop: Mit der runden, mikroskopierfähigen Lampe können Kinder alles vergrößern, was ihnen begegnet: Haare, Kleidungsstücke, schmelzender Schnee, Blätter und kleine Tiere. Das kleine Gerät passt perfekt in Kinderhände und kann über den USB-Anschluss mit einem Computer verbunden werden. Ab 40 Euro.

WLAN: Ein drahtloses Netzwerk ist vor allem dann nützlich, wenn direkt vom Raum aus Dokumentationen verschickt werden sollen, mit Eltern kommuniziert wird oder das Internet zur Recherche benötigt wird. Es gibt viele Möglichkeiten, den Kindergarten mit WLAN auszurüsten. Hier ist es am sinnvollsten, sich von einem Fachhändler beraten zu lassen.

Apple TV: Dieses Tool ermöglichst es, Daten vom iPad kabellos auf einen Fernseher zu übertragen und so für alle Anwesenden sichtbar zu machen. Dieses Tool macht natürlich nur Sinn, sollten Sie sich bei der Suche nach passenden Tablets für die Firma *Apple* entscheiden. Ab 100 Euro.

Farbdrucker: Um sich die spannenden Projektergebnisse im Alltag der Einrichtung immer wieder ins Gedächtnis zu rufen, macht es Sinn, Fotos auszudrucken und aufzuhängen. Der Drucker sollte möglichst WLAN-fähig sein, um ihn ohne großen Aufwand anwählen zu können. Ab 100 Euro.

External hard drive: *An external hard drive is useful for storing all photos and videos which the nursery director's office computer is unable to process. This is also a convenient way of transporting data from A to B. From EUR 70, depending on storage capacity.*

Egg microscope: *Children can use this round, microscopy-enabled lamp to enlarge everything they encounter, whether hair, items of clothing, melting snow, leaves or small animals. The small device fits perfectly into children's hands and can be connected with a computer via USB. From EUR 40.*

WiFi: *A wireless network is especially useful for sending documents directly from the room, communicating with parents and using the internet for research purposes. There are many options for equipping nurseries with WiFi. It is best to ask a specialist retailer for advice on this matter.*

Apple TV: *This tool makes it possible to transfer data wirelessly from an iPad to a television, where it can be displayed to everyone in the room. Of course, using Apple TV only makes sense if you opt for the* Apple *brand when looking for suitable tablets. From EUR 100.*

Colour printer: *Printing out and displaying photos is an effective way of reminding the children in the day-to-day life of the nurseries of the exciting project findings they have made. The printer should have WiFi connectivity if possible in order to make it easy to select from a given device. From EUR 100.*

Unser Kindergarten wird digital – So gehts!

Our nursery goes digital – Here's how it works!

Hat eine Einrichtung sich dafür entscheiden, moderne Technologien einzusetzen, sollten folgende Punkte nicht außer Acht gelassen werden.

Eine IT-Strategie für die Einrichtung festlegen

Legen Sie unbedingt vorab fest, welche pädagogischen Ziele Sie in Bezug auf ICT erreichen wollen, welche Regeln dafür aufgestellt werden müssen und wie der Datenschutz berücksichtigt werden kann. Erstellen Sie eine kleine „Medien-Verfassung": Das wollen wir mit den Medien tun und das auf keinen Fall. Und so wollen wir damit umgehen.

Projektplanung aufstellen

Nachdem die Ziele festgesteckt sind, sollte überlegt werden, welche Hilfsmittel dafür benötigt werden. Mit dieser Fragestellung sollte jedes Projekt beginnen. Der Einsatz von Tablets und anderen technischen Werkzeugen in Krippe und Kindergarten erfordert ein wenig Vorbereitung und ein durchdachtes Vorgehen.

Eine technische Bestandsaufnahme durchführen

Wie kann die Einrichtung mit WLAN ausgestattet werden? Wie viele Computer und Drucker haben wir bereits? Wo werden derzeit unsere Daten gespeichert? Kann dieses Speichersystem noch weitere Datenmengen vertragen oder ist die Anschaffung eines externen Speichermediums sinnvoll?

Once a nursery has decided to make use of modern technologies, it should ensure that it takes into account the following points.

Set an IT strategy for the nursery

Be sure to set out the educational goals that you wish to achieve with regard to ICT, the rules that need to be put in place to this end and how you intend to take account of data protection requirements. Create a mini "media constitution": We will use the media to do this, but not that. And this is how we intend to handle the devices.

Produce a project plan

Once you have set your goals, you should consider the tools you need to achieve them. These are the question you should ask at the beginning of each project. The use of tablets and other technological tools in crèches and nurseries requires a little preparation and a well-thought-out approach.

Take stock of your technology

How can the nursery be equipped with WiFi? How many computers and printers do we already have? Where is our data currently stored? Can this storage system cope with higher data volumes or would it be beneficial to purchase an external storage medium?

Alle diese Fragen müssen beantwortet werden, gegebenenfalls mit Hilfe eines Experten an Ihrer Seite. Sprechen Sie mit dem örtlichen Telefonversorger, dem Träger oder fachkompetenten Eltern.

All these questions need to be answered, where relevant, with assistance from an expert. Speak to your local phone provider, education provider or parents with expertise in this area.

Geräte bereitstellen

Noch einmal: An erster Stelle steht das pädagogische Ziel und die Überlegung, wie dieses erreicht werden kann. Erst dann sollten Sie entscheiden, welche Hilfsmittel zum Einsatz kommen sollen und welche Geräte Sie mit Priorität erwerben wollen.

Eine wichtige Frage bei der Entscheidung für Tablet-Computer ist die der Anzahl an nötigen Geräten. Nach unseren Erfahrungen ist es völlig ausreichend, ein bis zwei Tablets pro Einrichtung oder pro Gruppe zu kaufen.

Make devices available

Once again, the focus is on the educational goal and ways of achieving it. Only then should you decide on the tools you need to use and your priorities for purchasing devices.

A key issue when deciding on a tablet computer is the number of devices required. In our experience, one or two tablets per nursery or group will fully suffice.

If the tablet is also to be used for educational documentation or for integrating educators into information systems

Tablet-Grundsätze

Lassen Sie die Kinder Fotos und Filme machen, während Sie sich um die Kinder kümmern!

Die neue Technik bringt es mit sich, dass Kinder im Kindergarten immer und überall fotografiert und gefilmt werden. Lasst ihnen Privatsphäre!

Alle Aktivitäten mit dem Tablet sollten so aufgebaut sein, dass Realität und virtuelle Welt verbunden werden!

Tablet guidelines

Allow the children to take photos and make films while you look after them.

This new technology gives rise to a situation where the nursery children are being photographed and filmed constantly, wherever they are. Give them some privacy!

All activities involving the tablet should be designed in a way that connects the real and virtual worlds.

Tablets, Digitalkamera und Co sind Werkzeuge – mit folgenden Stärken:

Sie machen Kinder neugierig.

Sie helfen bei der Sprachförderung.

Sie fördern die soziale Integration.

Sie sind spannende Geräte bei naturwissenschaftlichen Erkundungen.

Sie sprechen Jungen und Mädchen gleichermaßen an und helfen, sie in Gruppenaktivitäten zu integrieren.

An der Nutzbarkeit der Technik lässt sich kritisches Nachdenken und Hinterfragen trainieren.

Mit ihrer Hilfe lassen sich Reflexionen anstellen.

Sie eignen sich für spannende Bewegungsspiele.

Tablets, digital cameras and similar devices are tools – with the following strengths:

They awaken children's curiosity.

They aid language development.

They promote social integration.

They are exciting devices to use for exploring the natural sciences.

They appeal to boys and girls equally, thus helping to integrate them into group activities.

Using the devices allows the children to develop their critical-thinking and analytical skills.

They can help to encourage reflection.

They are suitable for use in engaging games involving movement.

Wenn das Tablet auch zur pädagogischen Dokumentation oder zur Einbindung der Pädagogen in die Informationssysteme (E-Mail) eingesetzt werden soll, ist es ratsam, jede Erzieherin mit einem Gerät auszustatten. Darüber hinaus sollten Zusatzgeräte beschafft oder ein Austauschpool zwischen Kindergärten organisiert werden.

(e-mail), then it is advisable to provide each educator with a device. Additional devices should also be purchased or an exchange pool set up between nurseries.

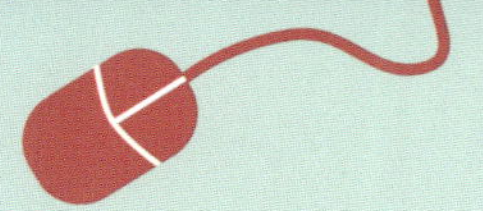

Finanzierung organisieren

Es gibt viele Möglichkeiten für die Finanzierung eines solchen Projekts. Wenn sich die Ausrüstung nicht aus dem Haushaltsbudget der Einrichtung oder über den Träger finanzieren lässt, kommen Elternspenden oder andere Drittmittel zum Tragen. Viele Geräte mit spannenden Einsatzmöglichkeiten sind gar nicht so teuer, wie man denkt – auch im Vergleich zu vielen Standard-Einrichtungsgegenständen für Krippen und Kindergärten!

Organise financing arrangements

There are many options for financing a project of this nature. If the equipment cannot be funded from the nursery budget or by the responsible education provider, then donations from parents and other third-party funding is an option. Many of the devices offering fascinating usage options are not as expensive as you may think – even when compared with many items of standard equipment for crèches and nurseries.

Modellversuche organisieren

Welche Ideen haben wir für die Benutzung der Technik und wie wollen wir uns diesbezüglich austauschen? Es muss nicht gleich die komplette Einrichtung beginnen, mit neuen Anschaffungen zu arbeiten. Ein guter Start kann also sein, dass erst einzelne Gruppen die neuen technischen Möglichkeiten erproben, bevor die anderen Gruppen

Organise pilot trials

What are our ideas for using the technology and how do we intend to discuss them with one another? It is not necessary for the whole nursery to start working with the new devices straight away. It may be beneficial for individual groups to first test the new technological options to allow the other groups to subsequently benefit from their experience.

Das ist wichtig

Auch mit digitalen Medien in der Einrichtung bleiben die Kinder aktive Kreative und werden nicht zu passiven Konsumenten.

Digitale Medien können zur Unterstützung der Alltagsroutinen genutzt und in den Tagesablauf eingebettet werden.

Digitale Medien können zur Erleichterung des Arbeitsalltags beitragen.

This is important

Even when digital media are used in nurseries, the children retain their active creativity and do not become passive consumers.

Digital media can be used to support daily routines and mainstreamed into those routines.

Digital media can help to simplify everyday work.

von deren Erfahrungen profitieren können. Träger, die sich mit dem Thema beschäftigen, könnten eine Anzahl von Modelleinrichtungen benennen, die sich in Pionierarbeit dem Thema stellen, sich regelmäßig treffen und ihre Ideen austauschen. Eine Arbeitsgruppe zu den neuen Technologien kann sich auch trägerübergreifend zusammenfinden.

Ideen austauschen

Wer einmal mit dem Einsatz von neuen Technologien begonnen hat, entwickelt schnell eine Menge neuer Ideen und Projekte, die nicht verloren gehen sollten. Daher ist es ratsam, regelmäßige Treffen zu vereinbaren, um von Erfahrungen zu berichten und Projektideen weiterzugeben. Auch kritische Auseinandersetzungen, welche technischen Geräte eingesetzt werden sollten und welche Ideen vielleicht noch weiterentwickelt werden müssen, können in der Runde stattfinden. So kommt das Projekt schnell in Gang und viele unterschiedliche Ideen kommen den Kindern zugute.

Verantwortungsstrukturen organisieren

Wer sich für den Einsatz von Tablets entschieden hat, steht schnell vor der Frage, welche Programme (Apps) eingesetzt werden sollen und wie diese bezahlt werden können. Einzelne Anbieter stellten Systeme zur Verfügung, die es Leiterinnen oder anderen verantwortlichen Personen ermöglichen, den Einsatz von Apps in ihrem Kindergarten zu steuern und zentral zu finanzieren. Mit diesem System kann die Leiterin bestimmen, welche Programme auf den Tablets der Kolleginnen installiert werden, sie kann die Apps beim Ausscheiden von Mitarbeitern kostenfrei weitervergeben und entscheiden, ob die Kolleginnen selbst noch Apps auf das Tablet laden dürfen oder nicht.

Education providers exploring this topic can appoint a number of model nurseries to pioneer the use of the technology and meet up with each other regularly to discuss their ideas. A working group on the new technologies can then be formed across education providers.

Discuss ideas

Once you start to use new technologies, you will quickly end up with a whole load of new ideas and projects which you do not wish to lose. This is why it is advisable to agree regular meetings in order to report on experiences and pass on project ideas. These meetings also provide a forum for sharing critical experiences in regard to the devices that should be used and the ideas that may still require further development. In this way, the project gets under way quickly and the children benefit from many different ideas.

Set up responsibility structures

Once you decide to use tablets, you will quickly be faced with the question of which programs (apps) to use and how to pay for them. Individual providers make systems available that enable directors or other responsible individuals to manage and centrally finance the use of apps in their

Datenschutz organisieren

Der Datenschutz spielt bei der Benutzung von digitalen Medien eine wichtige Rolle – gerade, wenn es um den Schutz von Kindern geht. Die aufgezeichneten Filme, Fotos und Texte dürfen niemals in fremde Hände gelangen. In Deutschland ist der Umgang mit solchem Material streng geregelt und die Aufmerksamkeit der Eltern bei Fragen der Veröffentlichung von Bildern und Filmen über ihre Kinder ist hoch. Informieren Sie sich und sprechen Sie mit der Elternvertretung, wenn Klärungsbedarf besteht!

Fortbildungen organisieren

Neben dem Erfahrungsaustausch in Arbeitsgruppen kann es sinnvoll sein, Fortbildungen in den Projektplan mit aufzunehmen. Es gibt auf dem Markt viele Fortbildungsangebote zur Medienpädagogik und zunehmend auch zum Einsatz von Neuen Medien. Neben pädagogischen Fortbildungen ist es zudem sinnvoll, die eine oder andere Schulung zum Umgang mit Technik an sich zu besuchen.

Eltern einbinden

Der Einsatz neuer Technologien im Kindergarten wird in unserer Gesellschaft kontrovers diskutiert. Dabei ist es egal, ob es um die Dokumentation der pädagogischen Arbeit oder um die Inhalte selber geht. Viele Eltern und auch Pädagogen stehen dem Thema skeptisch gegenüber. Daher ist es enorm wichtig, nicht nur die Pädagogen zu schulen und zu begleiten, sondern auch auf die Fragen und Sorgen der Eltern einzugehen. Wir empfehlen deshalb, Fortbildungen anzubieten und die Eltern in eine Kindergruppe einzuladen, in der technische Werkzeuge bereits zum Alltag gehören. Ein Elternabend zur reinen Information über die geplanten Veränderungen wird kaum ausreichen.

nursery. Directors can use these systems to determine the programs to be installed on colleagues' tablets, pass on the apps free of charge when staff leave the nursery and decide whether or not colleagues can load apps onto the tablets themselves.

Put data protection measures in place

Data protection played a key role in the use of digital media, especially when issues of child protection are involved. Video recordings, photos and texts must never be allowed to fall into the hands of third parties. In Germany, there are strict regulations governing the handling of such material and parents are highly vigilant when it comes to issues of photo and video publication. Find out more and speak to your parents' council if you need to clarify any issues.

Organise training

In addition to sharing experiences within working groups, it may also be helpful to include training in the project plan. There are numerous media education training courses on

Neue Medien in Raumgestaltung einbinden

Wo bewahren wir die Neuen Medien eigentlich auf, wenn sie endlich finanziert und bestellt sind? Viele Jahre war die Antwort darauf der „Computerraum" oder ein technisch gut ausgestatteter Experimentierraum – abschließbar und nur für bestimmte Angebote nutzbar. Das ist zwar praktisch, verhindert aber die spontane Einbindung der technischen Geräte in spielerische Handlungen. Auch wenn niemand teure und zerbrechliche Technik gerne zum freien Spiel zur Verfügung stellen möchte, geben wir hiermit den Rat, die vorhandene Medienausstattung immer wieder in spielerische Angebote einzubinden.

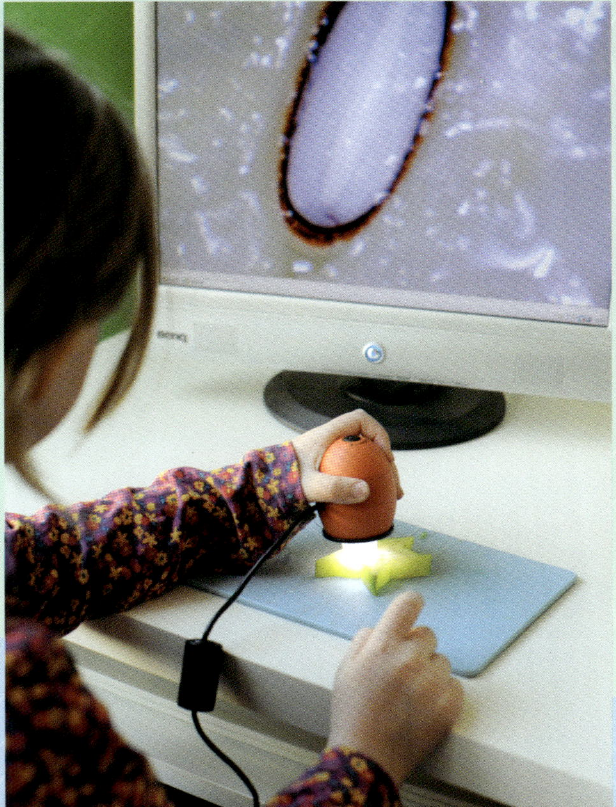

the market, with an increasing number of them covering the use of new media. It is also worth supplementing educational training with one or two training courses on how to use the technology.

Involve parents

The use of new technologies in nurseries is a controversial issue within our society. This applies both to the documentation of educational work and to the content of that work itself. Many parents and educators are sceptical in their view of the topic. Consequently, it is extremely important to address the questions and concerns of parents, as well as to train and support educators. We therefore recommend offering training and inviting parents to visit the nursery to observe how a group of children is already using the technological tools on a day-to-day basis. Holding a parents' evening to simply provide information on the planned changes will barely suffice.

Incorporate new media into the room design

Where do we actually store the new media once we have finally obtained the funding and ordered the devices? For many years, the answer was "in the computer room" or in an experimental room with good technical equipment, a room that could be locked and only used for specific activities. While this is practical, it prevents technological devices from being spontaneously integrated into play activities. While none of us may be keen to hand out expensive and fragile technology for use in free play, we advise that you integrate your available media equipment time and again into play offerings.

Was ist eigentlich ein QR-Code?

Es handelt sich um einen per Kamera lesbaren Link zu einer Internetseite. Mit Hilfe verschiedener Anbieter kann man sich selbst aus jedem im Internet bereitgestellten Foto oder Bild einen QR-Code erstellen, der auf den entsprechenden Link zugreift. Dieser selbst erstellte Code kann dann in jede andere Datei (z. B. *Microsoft Word*) kopiert, vergrößert (erleichtert das Einscannen für Kinder) und ausgedruckt werden. Um QR-Codes zu lesen, muss das Tablet auf das Internet zugreifen können – z. B. via WLAN.

Um zu verhindern, dass die Kinder vom Bild aus auf irgendwelche Seiten gelangen, können Sie Fotos aus dem Kindergarten-Alltag auf nur von Ihnen zugängliche Seiten einstellen, die dann per QR-Code angesteuert werden. Dafür eignet sich neben der eigenen Kindergarten-Homepage vor allem eine *Dropbox*, in die Sie Bilder für Eltern oder Kolleginnen laden können.

So, what is a QR code?

It is a link to a webpage that can be read with a camera. With assistance from a range of providers, you can create a QR code yourself using any photo or image available online. This self-created code can then be copied into any other file (e. g. *Microsoft Word*), enlarged (to make it easier for children to scan) and printed out. The tablet requires an internet connection (e. g. WiFi) in order to read QR codes.

In order to prevent children ending up on any given site as a result of selecting an image, you can put photos from day-to-day nursery activities on pages only accessible by you which can then be reached via the QR code. In addition to the nursery's homepage, another particularly suitable resource is a *Dropbox* to which you can upload pictures for parents or colleagues.

Fantasie

Imagination

Kinder spielen mit wohl allem, was sie in die Hände bekommen. Moderne Technik macht da keine Ausnahme – im Gegenteil! Vielleicht war der Siegeszug von Computer und Digitalkamera auch deswegen so erfolgreich, weil all diese Geräte neben ihrer eigentlichen Aufgabe auch Spielfunktionen enthielten. Der Haken an der Sache ist aber klar: Die meisten Spiele auf Computer und Tablet haben keinen hohen Spielwert. Sie führen dazu, dass man stumpf und isoliert einem vorgegebenen Pfad folgt – ähnlich öde wie beim klassischen Ausmalbild. In diesem Abschnitt des Buchs stellen wir Ihnen Beispiele von bewegten, kreativen Spielmöglichkeiten mit Tablet und Kamera vor, bei denen die Basisfunktionen der Geräte, wie Aufzeichnen und Wiedergeben, zum Spielanlass werden. Daddelspiele haben im Kindergarten nichts zu suchen!

Children play with pretty much anything that is put in their hands. Modern technology is no exception here! Perhaps the computer and the digital camera were also a success because they also had games on them in addition to their standard features. However, there is a clear catch here: Most games on tablets and computers have very little play value for children. They lead to a situation where children follow a set path in a dull and isolated way, in a similarly tedious manner to the classic colouring picture. In this section of the book, we provide you with examples of creative, movement games involving a tablet and a camera in which the basic functions of the device, such as recording and playback, provide the impetus for the game. Standard computer games have no place in nurseries.

Ich sehe was, was du nicht siehst

Find the hidden object

Material / Alter *Materials / age*

- Tablet mit Foto-Funktion oder Digitalkamera
- Spielmaterial
- ab 3 Jahren

- *Tablet with photo function or digital camera*
- *Play materials*
- *Age three plus*

So gehts! *Here's how it works!*

Einige Kinder gehen mit Tablet oder Digitalkamera ausgerüstet in den Garten oder Räume der Einrichtung und fotografieren dort interessante Details – zum Beispiel ein Möbelstück oder die Äste eines Baumes. Anschließend betrachten die übrigen Kinder gemeinsam im Gruppenraum die entstandenen Fotos. Nun gilt es herauszufinden, was auf dem Foto zu sehen ist und wo es entstanden sein könnte. Wer eine Vermutung äußert, leitet die Gruppe zum Ziel und schießt dort als Beweis ein zweites Foto vom gesuchten Ort.

Equipped with a tablet or digital camera, several children go into the garden or rooms in the nursery and take photos of interesting details there, such as an item of furniture or the branches of a tree. Subsequently, the other children look together at the resulting photos in the group room. They now attempt to find out what can be seen in the photo and where it might have been taken. When a child thinks they have worked it out, they lead the group to the location and take a second photo of the place in question as evidence.

Varianten *Variations*

Mit älteren Kindern kann das Spiel auch so modifiziert werden, dass die fotografierenden Kinder der Gruppe die aufgenommenen Fotos nicht direkt zeigen, sondern diese zuerst beschreiben. Sobald ein Kind erraten hat, um welchen Gegenstand an welchem Ort es geht, wird zum Beweis das entsprechende Foto gezeigt.

The game can be modified for older children, whereby the children in the group who take the photos do not immediately display them, but rather first describe them. As soon as a child has guessed the object and the location involved, the relevant photo is shown as proof.

Darauf achten! *Please note!*

Bereiten Sie die Aktion gut vor. Besprechen Sie mit den Kindern an Hand von konkreten Beispielen, wie unterschiedlich Fotos wirken können, je nachdem in welchem Blickwinkel man sie aufgenommen hat. Gegenstände können schwerer zu erkennen sein, wenn diese nur zum Teil abgebildet werden oder der Lichteinfall schwach ist. Örtlichkeiten sind zudem oft nur schwer an einzelnen Details zu erraten. Die Kinder müssen verstanden haben, dass diese und weitere Faktoren das Erraten von Gegenständen und Orten beeinflussen.

Prepare the activity well. Using specific examples, discuss with the children how photos can look different depending on the angle from which they are taken. Objects may be more difficult to recognise if only a part of them is shown or the lighting is poor. Additionally, it is often difficult to guess locations based on individual details. The children need to have understood that these and other factors have an influence on their ability to guess the objects and the locations.

Das lernen die Kinder
What the children learn

- Planung und Ausführung von Handlungen in einer zuvor festgelegten Reihenfolge
- Orientierung im Raum, Merkfähigkeit
- Erfahrungen im Umgang mit Foto- und Filmtechnik
- Sprachförderung: Genaues Beschreiben von Dingen

- *Planning and carrying out activities in a pre-defined sequence*
- *Orientation within the room, retentive memory*
- *Experience of using photographic and video technology*
- *Promoting language: Precise description of things*

Kennst du das Versteck?

Do you know where the hiding place is?

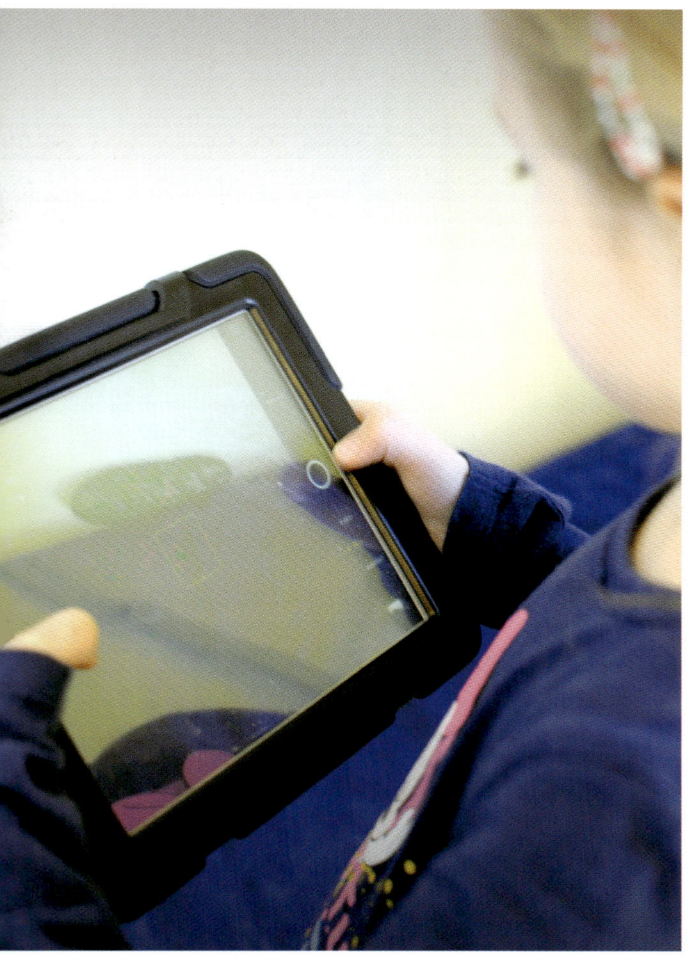

Material / Alter *Materials / age*

- Tablet mit Foto-Funktion oder Digitalkamera
- Spielmaterial
- ab 2 Jahren

- *Tablet with photo function or digital camera*
- *Play materials*
- *Age two and up*

So gehts! *Here's how it works!*

Die Kindergruppe sitzt zusammen im Gruppenraum. Eines der Kinder wird ausgewählt und erhält den Auftrag, einen Gegenstand nach Wahl zu verstecken. Es nimmt den Gegenstand und das Tablet bzw. die Digitalkamera mit aus dem Raum, sucht im Kindergarten ein Versteck – z. B. einen Schrank oder eine kleine Nische –, legt den Gegenstand hinein und fotografiert die Szene. Zurück im Gruppenraum betrachten die Kinder gemeinsam das Foto und überlegen, wo das Versteck sein könnte. Wer eine Idee hat, darf nachsehen. Wird der Gegenstand gefunden, darf der Entdecker den nächsten Gegenstand auswählen und ein spannendes Versteck suchen.

The group of children sit together in the group room. One of the children is chosen and given the task of hiding an object of his or her choice. He or she takes the object and the tablet or the digital camera out of the room, finds a hiding place in the nursery (e. g. a cupboard or a small alcove), places the object in it and takes a photo of the scene. Back in the group room, the children gather together, look at the photo and consider where the hiding place might be. If a child thinks he or she knows, then he or she can go and check. Once the object is found, the child that discovered it is allowed to choose the next object and find the best hiding place for it.

Varianten *Variations*

Bei kleineren Kindern übernimmt die Erzieherin das Verstecken und zeigt den Kindern das Foto. Gesucht wird gemeinsam. Dabei kommt es darauf an, dass die Erzieherin mit einfachen Worten ausführlich beschreibt, an welchen Merkmalen auf dem Foto man das Versteck erkennen kann.

In the case of small children, the educator does the hiding and shows the children the photo. They search for the object together. It is important here that the educator provides a simple and detailed description of the features in the photo that make it possible to identify the hiding place.

Darauf achten! *Please note!*

Die Erzieherin kann beobachten, wo der Gegenstand versteckt wurde und mit kleinen Tipps nachhelfen, sollten die Kinder mit der Lösung des Rätsels nicht weiterkommen.

The educator can observe where the object has been hidden and provide small tips to help the children if they are struggling to solve the puzzle.

Das lernen die Kinder
What the children learn

- Raumorientierung und Fantasie: Wo wurde das Foto wohl aufgenommen?
- Sprachförderung, wenn Orte beschrieben werden
- Wissen über Medien: Abbildungen entsprechen nicht immer der genauen Realität

- *Spatial orientation and imagination: Where might the photo have been taken?*
- *Language development when locations are described*
- *Knowledge of media: Images do not always reflect the true reality*

Paparazzi-Spiel: Fangen, einmal anders

Paparazzi game: A different version of tag

Material / Alter *Materials / age*

- Tablet mit Foto-Funktion oder Digitalkamera
- ab 4 Jahren

- *Tablet with photo function or digital camera*
- *Age four plus*

So gehts! *Here's how it works!*

Unbewegliche Dinge kann jeder fotografieren – aber bei beweglichen Zielen sieht die Sache wesentlich komplizierter aus. Aus dieser Tatsache heraus kann ein Spiel entwickelt werden: Einige Kinder erhalten eine Digitalkamera oder ein Tablet und müssen Kinder gut sichtbar auf ein Foto bannen, die dies durch ihre schnelle Bewegung im Raum zu erschweren versuchen. Wird es der Foto-Gruppe trotzdem gelingen, ein paar Kinder zu fotografieren?

Anyone can photograph stationary objects, but it is much more complex if they are moving. A game can be developed on this basis: Several children are given a digital camera or a tablet and have to capture clear shots of children who are moving quickly around the room to make things more difficult. Will the photo group still manage to photograph a few children?

Varianten *Variations*

Je nach Geschicklichkeit und Alter der Kinder kann der Schwierigkeitsgrad verändert werden: Kleinere Kinder fotografieren sitzend oder stehend vorbeirennende Kinder – natürlich auch, um die Kamera nicht zu gefährden. Ältere und im Fotografieren versierte Kinder können den Auftrag erhalten, bestimmte Details an den rennenden Kindern fotografisch zu erfassen: Manuels blauen Pullover oder den roten Punkt, den die Erzieherin an Philipps Pullover geklebt hat.

Depending on the ability and age of the children, the difficulty level can be adjusted: Small children sit or stand and photograph the other children running past them, not least in order to avoid damaging the camera. Older children or those with more experience of photography can be tasked with photographing specific details of the running children. Manuel's blue pullover or the red dot that the educator has stuck to Philipp's pullover.

Darauf achten! *Please note!*

Keine Verfolgungsjagd mit der Kamera zulassen! Das Spiel sollte nicht allzu hektisch werden, um die Technik nicht zu gefährden. Zudem sollte die Regel aufgestellt werden, dass „eingefangene" Portraits auf Wunsch sofort wieder vernichtet werden.

Do not let the children chase each other with the camera! Take care that the game does not become too hectic in order to avoid damaging the equipment. Additionally, there should be a rule that "captured" portraits must be immediately deleted if the photographed child so wishes.

Das lernen die Kinder
What the children learn

- Koordination
- Bedienung der Kamera auch in hektischen Situationen

- *Coordination*
- *Operating the camera, including in hectic situations*

Willkommen in der Dschungel-Spielwelt

Welcome to the jungle playscape

Material / Alter *Materials / age*

- Minibeamer
- Tablet oder CD-Player
- Kissen und Tücher
- Spielmaterial je nach Situation
- ab 2 Jahren

- *Mini projector*
- *Tablet or CD player*
- *Cushions and blankets*
- *Play materials for different situations*
- *Age two plus*

So gehts! *Here's how it works!*

Mit dem Minibeamer projiziert die Erzieherin ein Bild, z. B. eine Dschungel-Landschaft, an die Wand. Der Raum ist verdunkelt und mit Kissen und Tüchern ausgestattet. Passende Dschungelgeräusche, abgespielt per CD-Player oder Tablet, erzeugen eine geheimnisvolle Stimmung, die die Kinder automatisch zu einem intensiven Freispiel verleitet.

The educator uses the mini projector to project a picture, such as a jungle landscape, onto the wall. The room is darkened and set out with cushions and blankets. Suitable jungle noises are played from a CD player or tablet to create a mysterious atmosphere, which automatically leads the children to engage in intensive free play.

Varianten *Variations*

Auf dem Baum

Heute wollen die Kinder Vögel sein. Auf den Minibeamer wurde ein kurzer Film über Vogeleltern und ihre Jungen geladen, den die Erzieherin zuvor im Internet erworben hat. Während der Nachwuchs im Nest piepst, begeben sich die Vogeleltern auf Nahrungssuche. Der Film wiederholt sich. Die Kinder möchten die Szene nachstellen und bauen aus Springseilen ein Nest. Sie einigen sich, wer die Rolle der Vogeleltern spielen darf und wer als Küken im Nest piepst.

On the tree

Today the children are pretending to be birds. A short film about birds and their young which the educator had previously purchased online is loaded onto the mini projector. While the young cheep in the nest, the parents fly off in search of food. The film is played on repeat. The children want to recreate the scene and use skipping ropes to build a nest. They agree among themselves who will play the role of the parent birds and who will pretend to be the cheeping chicks in the nest.

Darauf achten! *Please note!*

Vermeiden Sie Unfallquellen durch herumstehende Möbel und andere Stolpergefahren und dunkeln Sie den Raum daher nie vollständig ab. Zwar sollten die Kinder bei diesem Spiel nicht alleine im Raum gelassen werden, aber die Erzieherin sollte sich im Hintergrund halten, um die Kinder selbstständig kreativ werden zu lassen.

Ensure you set out the play area so as to avoid accidents as a result of surrounding furniture and trip hazards, and never completely darken the room for the same reason. While children should not be left alone in the room when playing this game, the educator should remain in the background in order to allow the children freedom to use their own creativity.

Das lernen die Kinder
What the children learn

- Gefördert werden Kompetenzen wie Sprache, Bewegung und Wissen.
- Projektor-Spiele beflügeln die Fantasie der Kinder, denn die gezeigten Bilder animieren sie dazu, sich spielerisch in die dargestellte Welt hineinzuversetzen.

- *The game develops language and movement skills, as well as the children's knowledge.*
- *Projector games fuel the children's imaginations, as the images encourage them to explore the depicted world through play.*

Naturerfahrungen an der Wand

Experiencing nature on the wall

Material / Alter *Materials / age*

- Tablet oder Laptop
- Minibeamer, Verbindungskabel, Projektionsfläche
- laminierte Bilder, Magnete
- ab 3 Jahren

- *Tablet or laptop*
- *Mini projector, connection cable, projection surface*
- *laminated pictures, magnets*
- *Age three plus*

So gehts! *Here's how it works!*

Per Minibeamer wird das Bild eines Baumes an eine magnetische Wand projiziert. Vorher hat die Erzieherin Bilder von Tieren ausgedruckt, laminiert und die Rückseite mit Magneten versehen. Nun wird mit den Kindern diskutiert, welche Tiere auf dem Baum, welche im und unter dem Baum leben. Die Bilder werden dann von den Kindern an den entsprechenden Stellen angebracht.
In der nun folgenden Freispielphase können die Kinder mit den Bildern spielen, um Geschichten zu erfinden.

An image of a tree is projected onto a magnetic wall using the mini projector. Before this, the educator prints out pictures of animals, laminates them ideally, and attaches magnets to the back. The educator now discusses with the children which animals live on, in and under the tree. The children then attach the pictures in the relevant positions. During the phase of free play that follows, the children can play with the pictures and use them to create their own stories.

Varianten *Variations*

Die Spielfiguren für das „Projektorspiel“ können sich die Kinder natürlich auch selbst ausdenken und vorbereiten.

Folgende Szenerien bieten sich an:

- Unterwasserwelt mit gezeichneten Fischen, Kraken und Korallen
- Weltraumwelt mit Planeten und Raumschiffen
- Dschungelwelt mit wilden Tieren
- Mittelalter-Welt mit Rittern und Burgen

Of course, the children could also invent and prepare the toy figures for the "projector game" themselves.

The following scenarios may be appropriate:

- *Underwater world with drawings of fish, octopuses and corals*
- *Outer space world with planets and spaceships*
- *Jungle word with wild animals*
- *Medieval world with knights and castles*

Darauf achten! *Please note!*

Die Kinder sollten die Projektionsfläche gut erreichen können. Ein vielfältiges und unspezifisches Angebot an magnetischen Bildern sollte vor allem in der Freispielphase bereitstehen, denn auch Prinzessinnen oder Drachen können auf Bäumen leben, wenn Kinder spielen.

The children should be able to easily reach the projection surface. A wide-ranging and unspecified selection of magnetic pictures should be made available in the free play phase especially, as even princesses and dragons can live in trees when children are playing.

Das lernen die Kinder
What the children learn

- Sprache und gemeinsames Spiel werden gefördert
- In der Freispielphase wird die Fantasie angeregt und das Gelernte gefestigt.

- *Promotes language and shared play*
- *The free play phase fuels children's imagination and consolidates the learning points.*

Finde die Form!

Find the shape!

Material / Alter *Materials / age*

- Tablet mit Foto-Funktion oder Digitalkamera
- ab 3 Jahren

- *Tablet with photo function or digital camera*
- *Age three plus*

So gehts! *Here's how it works!*

Heute wird über geometrische Formen gesprochen. Die Erzieherin erklärt die wichtigsten: Kreis, Viereck und Dreieck. „Kennt ihr Dinge, die diese Form haben?", fragt die Erzieherin und lädt die Kinder ein, sich in der Einrichtung auf die Suche zu begeben. Passende Gegenstände werden mit dem Tablet oder der Digitalkamera fotografiert. Am Nachmittag werden die Fotos ausgedruckt und zu den Zeichnungen ins Portfolio geklebt.

Today's topic is geometric shapes. The educator explains the main ones: the circle, the rectangle and the triangle. "Do you know things that are this shape?", the educator asks and invites the children to go and look around the nursery. Suitable objects are photographed using the tablet or the digital camera. The photos are printed out in the afternoon and stuck into the portfolio with the drawings.

Darauf achten! *Please note!*

Die Erzieherin sollte sich bei der Benennung der Formen auf das jeweils gleiche Wort einigen, also beispielsweise immer von Viereck statt Quadrat oder Rechteck sprechen, um die Kinder nicht zu verwirren.

Educators should agree when identifying the shapes on the same word in each case, for example always using the word "rectangle" rather than "square" in order to avoid confusing the children.

Das lernen die Kinder

What the children learn

- Formen benennen und wiedererkennen
- Planvolles Handeln
- Einschätzen der Perspektive: Es ist nicht leicht, die quadratische Buddelkiste so zu fotografieren, dass sie auf dem Foto auch wirklich quadratisch aussieht.

- *Identify and recognise shapes*
- *Plan own actions*
- *Appreciate perspective: It is not easy to photograph the square sandpit so that it really appears as a square in the photo.*

Kunterbuntes Schattenspiel

Varied shadow play

Material / Alter *Materials / age*

- Minibeamer
- freie Wandfläche
- ab 2 Jahren

- *Mini projector*
- *Free wall surface*
- *Age two plus*

So gehts! *Here's how it works!*

Mit dem schnell einsetzbaren Minibeamer kann das Schattenspiel an den verschiedensten Orten im Kindergarten stattfinden – statt normalem, weißem Licht können bunte Bildmotive projiziert werden, die als Impuls für das Schattenspiel dienen. Besonders stimmungsvoll ist der Einsatz dieses „Fantasie-Entfachers" natürlich in selbst gebauten Nischen, wie einer mit Tüchern gebauten Zauberwelt.

Because the mini projector can be set up quickly, the children can engage in shadow play almost anywhere in the nursery. Instead of the normal white light, the projector can be used to project colourful images onto the wall to provide impetus for shadow play. Of course, this imagination-driver can be used to particular great effect in self-built dens, such as a magical world created using blankets.

Varianten *Variations*

Klebt die Erzieherin vorher die Wand mit großen Papierbögen ab, können die Kinder ihre Schatten mit einem Stift nachzeichnen und so eigene Schattenbilder malen und ausschneiden. Mit größeren Kindern lassen sich zudem Schattentanz-Choreografien einstudieren, die bei einem Elternabend vorgeführt werden können. Neben dem Schattentanz kann natürlich auch ein klassisches Schattentheater einstudiert werden: mit Stabfiguren oder vollem Körpereinsatz.

If the educator covers the wall with large sheets of paper in advance, then the children can draw around their own shadows with a pen and thus create and cut out their own shadow figures. With older children, there is also the option of practising shadow dance choreography for a performance on parents' evening. Of course, in addition to this, it is also possible to rehearse classic shadow plays using stick figures or one's whole body.

Darauf achten! *Please note!*

Zur Vorbereitung auf das Schattenspiel ist es sinnvoll, Scherenschnitte und Schattenrisse berühmter Künstler anzusehen und zu diskutieren. Sollte ein großer Beamer benutzt werden, bitte auf die Wärmeentwicklung und die Stolpergefahr durch die Kabel achten. Große Beamer können zudem so hell sein, dass sie den Augen schaden.

It is helpful when preparing for shadow play to look at and discuss the silhouettes of famous artists. If a large projector is to be used, please beware of the device overheating and people tripping up over the cable. Large projects can also be very bright, which can damage people's eyes.

Das lernen die Kinder

What the children learn

- Grundlegendes Wissen über das Spiel von Licht und Schatten
- Kennenlernen des eigenen Körpers und seiner Formen im Schattenbild
- Koordination: Wie muss ich mich bewegen, damit der Schatten macht, was ich will?

- *Basic knowledge about playing with light and shadow*
- *Getting to know one's own body and the shadows it casts*
- *Coordination: How do I need to move to make the shadow do what I want it to?*

So viel Auswahl im Pizzaladen!

So much choice in the pizzeria!

Material / Alter *Materials / age*

- Tablet mit App *Pizzalino*
- laminierte Bilder von diversem Pizzabelag
- Würfel
- Kaufmannsladen
- ab 4 Jahren

- *Tablet with the* Pizzalino *app*
- *Laminated pictures of different pizza toppings*
- *Dice*
- *Pretend shop*
- *Age four plus*

So gehts! *Here's how it works!*

Eine Menge Spiele-Apps funktionieren nach einem sehr simplen, bei Kindern aber äußerst beliebten Prinzip: Wie im gespielten Kaufmannsladen gilt es im virtuellen Pizzaladen, sich selbst oder dem Gegenüber eine gut kombinierte Pizza zuzubereiten. Rein auf dem Tablet gespielt ist das eine öde Sache – nicht aber, wenn die Erzieherin vorher aus realem Spielmaterial die App nachbildet, indem sie die abgebildeten Bausteine der Pizza ausdruckt, laminiert und in einem Körbchen bereitlegt. Die Pizza-App wird auf dem Tablet gestartet, das für alle gut sichtbar in der Mitte der Spielgruppe auf dem Tisch liegt. Es wird gewürfelt. Das erste Kind würfelt eine 3, geht zum Kaufmannsladen und erklärt dem dort bereitstehenden „Verkäufer", dass es z. B. Tomaten kaufen möchte, um damit seine Pizza zu belegen. Es darf drei Tomatenbilder mitnehmen. Zurück am Tisch darf das Kind in der App so viele Tomaten auf die Pizza legen, wie es Bilder mitgebracht hat.

Many game apps function according to a very simple principle highly popular among children: As in the pretend shop, in the virtual pizzeria, children prepare themselves or their play-mate a pizza with a good topping combination. Simply playing the game on a tablet is dull – but not if the educator has already used real playing materials to recreate the app by printing out and laminating the depicted building blocks of the pizza and placing them in a basket. The pizza app is launched on the tablet, which the educator places on the table in the middle of the play group where it is well visible to all. The dice is thrown. The first child throws a three, goes to the pretend shop and explains to the shop assistant, for example, that he or she wishes to buy tomatoes to put on his or her pizza. He or she is allowed to collect three tomato pictures. Back at the table, the child is allowed to put the same number of tomatoes on the pizza in the app as he or she has brought back.

Darauf achten! *Please note!*

Die Verbindung von realer und digitaler Welt birgt viele Chancen. Natürlich könnte dieses Spiel auch auf einem Spielbrett gespielt werden – aber die App ist schnell bereitgestellt und für die Kinder sehr faszinierend. Bleiben Sie streng und gestatten Sie das Spielen nur mit den von Ihnen vorgegebenen Spielregeln!

Combining the real and the digital world creates many opportunities. Of course, this game can also be played on a game board, but the app is quick to set up and a source of great fascination for the children. Be strict and only allow the children to play according to the rules you have set!

Das lernen die Kinder

What the children learn

- Handlungen planen und sinnvoll umsetzen
- Sprachförderung: Ausdrücken, was man möchte und Beschreibungen abgeben
- Mengenverständnis
- Regeleinhaltung und soziales Miteinander

- *Planning and meaningfully implementing actions*
- *Promoting language: Expressing wants and providing descriptions*
- *Understanding quantities*
- *Keeping to rules and learning about social interaction*

Realität

Reality

Zeigen Bilder und Filme die Realität? Um diese Frage zu beantworten, die mit dem erwachenden Empfinden für Wahrheit und Fantasie im Kindergartenalter zu tun hat, sind digitale Geräte einfach ideal. Man kann mit ihnen Ansichten von der Welt um uns herum erzeugen, diese verändern und so das „Gemachte“ daran offenlegen. Man kann andersherum auch die Umwelt selbst durch Projektionen verändern und so erfahren, dass das Sichtbare nicht echt sein muss. Oder man kann, begibt man sich mit Kameraauge oder Mikroskop in die Welt des Kleinen, unbekannte Welten entdecken. All das sind lohnende Streifzüge für kleine Kinder.

Do pictures and videos depict reality? Digital devices are ideal for use in answering this question, which has to do with children's growing sense of truth and imagination at nursery age. They allow children to capture pictures of the world around them and modify these pictures, thus revealing the things they have changed. Turning things around, the children can also change their environment using the projector, learning in the process that what is visible does not always have to be real. Alternatively, they can use the camera lens or microscope to discover miniature unknown worlds. These are all worthwhile forays for small children.

Pia Blaubart trifft Simon Grünohr – Fotos bearbeiten

Paula Blue-beard meets Simon Green-ear – Photo editing

Material / Alter *Materials / age*

- Tablet mit App zur Bildbearbeitung (z. B. *Color Effects*, eventuell Stift für das genaue Zeichnen auf dem Touch-Pad des Tablets)
- zu fotografierende Gegenstände und Materialien
- ab 4 Jahren

- *Tablets with a photo-editing app (e. g.* Color Effects *and perhaps a pen for precise drawing on the tablet's touch-pad)*
- *Objects and materials to photograph*
- *Age four plus*

So gehts! *Here's how it works!*

Die Kinder suchen sich Motive aus, die sie fotografieren und anschließend mit Hilfe des Bildbearbeitungsprogramms verändern möchten. Ein Farbeffekt wird z. B. besonders wirksam, wenn zunächst der Schwarz-Weiß-Modus der Tablet-Kamera eingestellt wird, um das graue Bild anschließend mit neuen Farben zu versehen. Ein Apfel könnte so ganz nach dem Geschmack der Kinder auch blau werden.

The children select subjects they wish to photograph and subsequently alter using the image editing program. A colour effect, for example, is particularly effective if they first use the tablet camera in black and white mode in order to then add new colours to the image. In this way, the children could for instance make an apple blue if they so wished.

Varianten *Variations*

Gut geeignet sind auch Portraitfotos anderer Kinder – dabei sollte das Anmalen und Verändern der Gesichter natürlich immer zusammen mit dem Abgebildeten geschehen: „Willst du einen blauen Bart?“ – „Nur, wenn du mir grüne Ohren malst!“

Portrait photos of other children are also well suited to this purpose – of course, the process of colouring and changing the faces should always be done together with the child whose portrait it is. “Would you like a blue beard?” – "Only if you give me green ears!"

Darauf achten! *Please note!*

Mit den Kindern sollte unbedingt darüber gesprochen werden, ob es in Ordnung ist, wenn das eigene Gesicht am Tablet verändert wird, um Gefühle nicht zu verletzen.

It is essential to discuss with the children whether they are happy with having their own face changed on the tablet in order to avoid their feelings getting hurt.

Das lernen die Kinder
What the children learn

- Zeichnen mit dem Stift am Tablet: Es ist gar nicht so einfach, mit einem Bildbearbeitungsprogramm umzugehen.
- Medienbilder verstehen: Die Kinder erleben beim eigenen Tun, wie leicht Fotos verändert werden können.

- *Using a pen to draw on a tablet: Using an image editing program is not as easy as you may think.*
- *Understanding media images Through their own activities, the children discover how easy it is to alter photos.*

Das ist mein Kindergarten!

That's my nursery!

Material / Alter *Materials / age*

- Tablet mit App *Puppet Pals*
- ab 3 Jahren

- *Tablet with the* Puppet Pals *app*
- *Age three plus*

So gehts! *Here's how it works!*

Viele Portfolios und Bildungsdokumentationen beginnen mit den Ich-Seiten, auf denen Eltern und Erzieherinnen persönliche Fakten über das betreffende Kind festhalten, z. B. wie es derzeit aussieht oder wie seine Freunde und Familienmitglieder heißen. Die Neuen Medien machen es möglich, dass Kinder diese Auskünfte selbst gestalten und aufzeichnen können – der erste Schritt zum digitalen Portfolio ist getan! „Ich stelle euch meinen Kindergarten vor!“ So beginnt der kleine Film, den Fabian mit Hilfe der App *Puppet Pals* gedreht hat. Er hat dazu mit dem Tablet Fotos von verschiedenen Räumen und Ecken des Kindergartens gemacht, die ihm besonders gut gefallen. Fabian schiebt das erste Bild mit dem Finger in die Mitte des Displays und erklärt dazu: „Das ist unser Gruppenraum. Hier spielen wir immer. Am Morgen machen wir hier den Morgenkreis.“ Bild für Bild wird mit gesprochenen Erklärungen versehen, bis ein Film entsteht, mit dem er zufrieden ist.

Many portfolios and education documents begin with the "Me" pages on which parents and educators record personal details about the child in question, such as its current appearance and the names of its friends and family members. New media allow children to design and shape this information themselves – the first step in creating a digital portfolio is complete! "Let me introduce you to my nursery!" So begins the short film that Fabian has created using the Puppet Pals *app. To this end, he used the tablet to take photos of his favourite rooms and corners of the nursery. Fabian uses his finger to move the first picture to the centre of the display and explains: "This is our group room. We always play here. We have morning circle time here in the morning." He goes through the pictures, explaining them one by one until he ends up with a film that he is happy with.*

Varianten *Variations*

Das Projekt kann je nach Alter der Kinder angepasst werden. Bei den Dreijährigen reicht es, wenn das Kind einfach die Räume benennt, die es fotografiert. Die Vorschulkinder sind durchaus in der Lage zu berichten, was in den Räumen passiert.

The project can be adapted for children of different ages. For three-year-olds, it is enough for them to simply name the room that they photograph. Preschool children are fully capable of reporting on what happens in the room.

Darauf achten! *Please note!*

Nicht gleich drauf los filmen – sondern vorher mit den Kindern das Projekt besprechen und planen. Die App sollte zuerst gemeinsam ausprobiert werden. Mit den Kindern sollte zudem über die Rechte am eigenen Bild gesprochen werden: Ist es in Ordnung, wenn ich andere Kinder ungefragt filme oder fotografiere?

Do not simply start filming – first discuss and plan the project with the children. The app should be tested out in advance. You should also talk to the children about their rights to their own images: Is it okay for me to film and photograph other children without asking their permission?

Das lernen die Kinder
What the children learn

- Handlungen planen und sinnvoll umsetzen
- Sprachförderung: Vorher überlegen, was man sagen möchte.
- Nachdenken über den eigenen Alltag

- *Planning and meaningfully implementing actions*
- *Promoting language: Thinking about what you want to say first.*
- *Reflecting on your own day-to-day life*

Für immer festgehalten: Meine Freunde

Captured forever: My friends

Material / Alter *Materials / age*

- Tablet mit App *MyStoryBook* oder *My Story*
- ab 4 Jahren

- *Tablet with the* MyStoryBook *or* MyStory *app*
- *Age four plus*

So gehts! *Here's how it works!*

Es gibt sie in tausendfacher Ausführung: Freunde-Bücher. Wer hat da nicht Lust, mal ein eigenes herzustellen? Es gibt verschiedene Apps, mit denen sich dieses Projekt einfach und von den Kindern alleine realisieren lässt. Die App *My Story* eignet sich, um über Freunde zu schreiben. Fabian hat dafür seine besten Freunde fotografiert und in das digitale Buch einsortiert. Zu jedem Kind kann anschließend ein kurzer Text eingesprochen werden, der immer dann automatisch abgespielt wird, wenn sich Fabian das Buch wieder ansieht. Die Kinder lieben es, sich ihre auf diese Art hergestellten Freunde-Seiten gegenseitig vorzustellen!

They come in thousands of different versions: Friends books. Who wouldn't want to make one of their own? There are several apps that make this project simple and easy and enable the children to carry it out themselves. The MyStory *app is ideal for writing about friends. For this purpose, Fabian took photos of his best friends and arranged them in the digital book. A short spoken text can subsequently be added about each child and then set to play back automatically each time that Fabian looks at the book. The children love showing each other the friend pages that they have made!*

Varianten *Variations*

Mit den Apps lassen sich auch Bildunterschriften unter die Fotos setzen. Vorschulkinder, die bereits in der Lage sind, erste Worte zu schreiben, können diese Funktion nutzen.

The apps can also be used to add captions below the photos, a function that can be utilised by preschool children who can already write their first words.

Darauf achten! *Please note!*

Die Kinder nicht überfordern und Hilfestellungen geben, wenn dies nötig ist. Auch wenn vieles am Tablet „kinderleicht" zu bedienen ist, sollten Kinder zuvor gut in die genutzten Programme instruiert werden.

Avoid over-stretching the children and be sure to provide them with assistance where required. Though many of the tablet's features may be easy for children to use, they should still be properly instructed in how the relevant programs work.

Das lernen die Kinder
What the children learn

- Handlungen planen und sinnvoll umsetzen
- Empathie: Herausfinden, was am anderen besonders ist, was er mag und respektvoll über ihn berichten.
- Sprachförderung und frühes Schreiben

- *Planning and meaningfully implementing actions*
- *Empathy: Finding out what is unique about the other person and report respectfully on him und her.*
- *Promoting language and learning to write at a young age*

Was gehört nicht in den Wald?

What doesn't belong in the woods?

Material / Alter *Materials / age*

- Tablet mit Foto-Funktion oder Digitalkamera
- Dinge, die nicht in den Wald gehören (z. B. Kamm, Löffel, Armband, Kuscheltier, ...)
- ab 4 Jahren

- *Tablet with photo function or digital camera*
- *Things which do not belong in the woods (e. g. comb, spoon, wristband, cuddly toy, ...)*
- *Age four plus*

So gehts! *Here's how it works!*

„Wer findet heraus, was hier falsch ist?", lautet in diesem Spiel die Kernfrage. Mittel zur Beweissicherung ist die Kamera. Die Kindergruppe begibt sich mit der Erzieherin in den Wald, denn das Angebot hat eine primär naturwissenschaftliche Fragestellung: Welche Dinge und Pflanzen gehören in einen Wald und welche sind fehl am Platz? Das Wissen der Kinder soll überprüft und geschult werden. Vor der Fotoaktion hat die Erzieherin dafür in einem Waldstück eine Anzahl an Dingen versteckt, die natürlicherweise nicht in Wäldern anzutreffen sind, wobei sie unterschiedliche Schwierigkeitsstufen verwenden kann: Dass der blaue Kamm nicht natürlich an dem Ast gewachsen ist, wo ihn bald die ersten Kinder entdecken, erscheint selbst jungen Kindern klar. Aber was ist mit den Weintrauben am Ast eines Busches? Zur „Fehler-Foto-Safari" ziehen die Kinder in mehreren Gruppen mit je einer Kamera los. Am Ende vergleichen sie ihre Funde auf den Kamera- oder Tablet-Displays: „Wir haben acht

Dinge gefunden, die nicht in diesen Wald gehören!", ruft Sven stolz, während Mira bemerkt, dass der entdeckte Fliegenpilz sehr wohl ein echter Waldbewohner ist!

"Who can work out what doesn't belong here?" is the key question in this game. The camera is used to gather the evidence. The group of children head into the woods with the educator in order to answer the main question of the activity, which is primarily scientific in nature: Which items and plants belong in the woods and which ones are out of place? The aim is to review and develop the children's knowledge. To this end, the educator hides a number of things in one part of the woods prior to the photo activity, things which you would clearly not come across there. He or she can set different levels of difficulty in the process: The fact that the blue comb, which the first children quickly find, did not grow naturally on the branch is clear even to young children. But what about the grapes on the branch of a bush? Organised into several groups, with one camera per group, the children set off on their "out-of-place photo safari". They then compare their discoveries on the camera or tablet displays at the end: "We've found eight things that don't belong in this wood!", says Sven proudly, while Mira notes that the toadstool is very much a native woodland resident!

Darauf achten! *Please note!*

Welches Waldstück ist geeignet und wie kommen wir dorthin? Mögliche Gefahren sollten zuvor von der Erzieherin erfasst werden: Nicht in der unmittelbaren Nähe von Totholz oder Bächen spielen! Die versteckten Gegenstände sollten bodennah oder in Sichthöhe der Kinder angebracht werden.

Which area of woodland is suitable and how do we get there? The educator should identify potential risks in advance: Do not play in the immediate vicinity of deadwood or streams! The hidden objects should be placed close to the ground or at the children's eye level.

Das lernen die Kinder

What the children learn

- Beobachtungsvermögen
- Fähigkeit, Details zu erfassen
- Reflexion vorhandenen Wissens über natürliche Zusammenhänge

- *Observational skills*
- *The ability to recognise details*
- *Reflecting on existing knowledge about the natural world*

Würfel mich!

Throw me!

Material / Alter *Materials / age*

- Tablet mit App *Make Dice*
- laminierte Karten mit Magneten
- Tafel
- ab 2 Jahren

- *Tablet with the* Make Dice *app*
- *Laminated cards with magnets*
- *Board*
- *Age two plus*

So gehts! *Here's how it works!*

Make Dice gestattet es, virtuelle Würfel herzustellen, die auf ihren sechs Seiten zuvor angefertigte Fotos tragen können. Gewürfelt wird, indem man das Tablet kräftig schüttelt – ein großer Spaß! Im Kindergartenalltag kann die App vielfach eingesetzt werden, denn viele Spiele oder auch die Auswahl von Kindern für bestimmte Aufgaben, bedürfen eines Zufallsprinzips. Das nötige Material dafür ist schnell hergestellt, indem die Erzieherin die jeweiligen Kinder oder Gegenstände abfotografiert und die Bilder für die Würfeloberfläche auswählt. Auch hier ist es sinnvoll, die Bilder der Würfel durch anfassbare Ausdrucke zu ergänzen, die am besten laminiert und mit Magneten versehen werden.

Make Dice *allows you to create virtual dice which can carry earlier created photos on its six pages. The children throw the dice by shaking the tablet vigorously, something which is a great deal of fun to do! The app can be used in a wide variety of ways within the nursery, as many of the games, and even the selection of children for certain tasks, require a random element. It takes very little time to provide the necessary materials – the educator simply photographs the relevant children or objects and uses the pictures for the dice surface. It also makes sense in this case to supplement the dice pictures with print-outs, ideally laminated and with magnets attached, that the children can hold in their hands.*

Varianten *Variations*

Beim Zuordnungsspiel von Obst und Gemüse nehmen die Kinder die entsprechenden Bilder der Frucht bzw. des Gemüses, das gerade erwürfelt wurde und bringen es an einer Pinnwand an.

When playing a game involving organising fruit and vegetables, the children take the relevant pictures of the fruit/vegetable that has just been thrown and stick it to a pin board.

Darauf achten! *Please note!*

Die Kinder nicht überfordern und die App und das Zufallsprinzip genau erläutern.

Avoid overstretching the children and be sure to explain the principle of random selection.

Das lernen die Kinder
What the children learn

- Kennenlernen von Obst- und Gemüsesorten
- Merkfähigkeit und Kombination: Die gewürfelten Symbole merken und als Ausdruck wiederfinden.

- *Getting to know different types of fruits and vegetables*
- *Retentiveness and combination: Note the symbols that have been thrown and find the corresponding printed picture.*

Kreativität

Creativity

Kreativ sein kann man auf verschiedene Weisen. Während man früher beim Begriff „Kreativität“ wohl zunächst an einen Maler mit Pinsel und Leinwand dachte, wird heute mit dem Begriff „Kreativbranche“ automatisch auch das Filmemachen assoziiert. Längst ist das Erzeugen kleiner Filme und deren Einstellen ins Internet, zumindest aber das Anschauen solcher Werke, unter jüngeren Menschen zu einer Alltagskultur geworden. Eigentlich logisch, dass man deswegen nicht drumherum kommt, auch die ganz Kleinen Filme produzieren zu lassen. Ein anderes Argument dafür wiegt noch schwerer: Es macht mit dem richtigen Programm unheimlichen Spaß – und geht dabei ganz einfach!

There are different ways to express creativity. While in the past, the term “creativity” mainly conjured up the image of a painter with a brush and canvas, the term “creative industry” is nowadays also automatically associated with film-making. Creating short films and posting them online, or at least watching such films, has long been part-and-parcel of young people’s everyday lives. It is therefore logical that you cannot get around letting very little ones produce their own films too. And there is another even more compelling argument: With the right program, it is a great deal of fun – and very straightforward at the same time!

Großstadtlichter aus dem Beamer

Big city on the projector

Material / Alter *Materials / age*

- Tablet oder Laptop
- Bilder von einer Stadt oder Landschaft
- Beamer, Verbindungskabel, Projektionsfläche
- Spiel- und Baumaterial wie Kartons, Röhren, Fahr- und Flugzeuge, Tierfiguren und Verkleidungsutensilien
- ab 2 Jahren

- *Tablet or laptop*
- *Pictures of a city or landscape*
- *Projector, connection cable, projection surface*
- *Play and building material such as boxes, tubes, toy vehicles (including aeroplanes), animal figures and dressing-up items*
- *Age two plus*

So gehts! *Here's how it works!*

Der Beamer wirft sein Bild von der Bodenkante an in einen ruhigen und freien Raumbereich. Gezeigt wird eine Landschaft oder Stadtansicht, die die Kinder zum Bauen und Spielen animiert. Entsprechendes Material liegt bereit: Die Großstadtskyline kann durch schattenwerfende „Hochhäuser" aus Bauklötzen erzeugt werden. Die Kinder werden anschließend wie von selbst beginnen, diese Stadtlandschaft mit Flug- und Fahrzeugen zu beleben.

The projector projects its image from the bottom of the wall upwards in a quiet and clear area of the room. The image can be of a landscape or a cityscape which invites the children to build and play.

Corresponding materials are made available: The city skyline can be produced using building blocks which cast skyscraper-like shadows onto the wall. Without any prompting, the children will then begin to bring the cityscape to life with aeroplanes and other vehicles.

Varianten *Variations*

Ein Dschungelbild wird entsprechend dazu führen, dass die Kinder mit Tierfiguren spielen, und bei einer Innenansicht eines Schlosses werden sie bereitliegende Verkleidungsutensilien schätzen.

A jungle scene will lead the children to start playing with the toy animals, while a view of the inside of a castle will prompt them to reach for the available dressing-up items.

Darauf achten! *Please note!*

Einen Beamer nie unbeaufsichtigt lassen. Kabel sind potenzielle Stolperquellen und müssen gesichert sein. Den Beamer nicht über den Köpfen der Kinder in ein Regal stellen, sondern vom Boden aus bedienen.

Never leave a projector unattended. Cables are potential trip hazards and must be secured. Operate the projector on the floor; do not place it on a shelf above the children's heads.

Das lernen die Kinder
What the children learn

- Handlungen planen und sinnvoll umsetzen
- Kompetenzerweiterungen in den Bereichen Fantasie, Sprachförderung und Motorik
- gemeinschaftliches Spiel

- *Planning and meaningfully implementing actions*
- *Developing their imagination and language and fine-motor skills*
- *Playing with others*

Green-Screen-Filmstudio

Green-screen film studio

Material / Alter *Materials / age*

- Tablet mit Green-Screen-App, z. B. *Stop Motion Pro*
- grünes Tuch oder Papier
- Staffelei oder andere, sichere Befestigungsmöglichkeit für das Tablet
- ab 4 Jahren

- *Tablet with a green-screen app, such as* Stop Motion Pro
- *Green sheet or paper*
- *Easel or other means of securely attaching the tablet*
- *Age four plus*

So gehts! *Here's how it works!*

Wie machen das die Schauspieler von Superhelden, dass sie einfach so durch das Weltall fliegen? Irgendwann stellen sich viele Kinder diese Frage und zum Glück ermöglichen es moderne Apps, sie mit eigenem Ausprobieren zu beantworten. In der Filmwelt steht der Schauspieler vor einem grünen Hintergrund und wird gefilmt. Der Green-Screen-Effekt macht es dann möglich, den grünen Hintergrund durch jedes beliebige Bild virtuell auszutauschen. Ein eigenes, kleines Green-Screen-Studio bildet die Basis für den Aktionsvorschlag „Stop Motion": Eine Wand und der davor liegende Bodenbereich werden durch ein großes, möglichst mittelgrünes Tuch abgedeckt. Gegenüber dieser Wand wird das Tablet, auf dem die entsprechende App geöffnet wurde, auf einer Staffelei bereitgestellt und sicher befestigt. Die integrierte Kamera sollte möglichst genau auf die grüne Fläche ausgerichtet sein. „Wo wärst du gerne? Mit wem möchtest du auf ein

Foto?“ Diese Fragen stellen sich nun die Kinder fast automatisch – und finden individuelle Antworten: Mika möchte ein Foto mit einem berühmten Fußballspieler, Samir lieber mit einem Dinosaurier und Julia wäre gerne eine Meerjungfrau. Die spannenden Ergebnisse werden ausgedruckt und hängen beim Abholen der Kinder als Überraschung in der Garderobe: „Schau mal, wo ich heute war!“

How do superhero actors manage to look like they are flying through space so easily? This is a question that many children will ask at some point and one that modern apps can thankfully answer in a way that allows children to test things out for themselves. In the film industry, actors stand in front of a green background and are filmed. The green-screen technique then allows the background to be virtually replaced with any given image. The nursery's own small green-screen studio provides the basis for the "Stop Motion" activity. A wall and the floor space in front of it are covered with a large sheet, if possible one that is medium green in colour. The tablet is attached securely to an easel opposite this wall, with the relevant app open. The integrated camera should be focused as accurately as possible on the green space. "Where would you like to be? With whom would you like to have your photo taken?" The children will begin to ask these questions almost automatically, and find individual answers: Mika would like a photo with a famous football player, Samir would like one with a dinosaur and Julia wants to be a mermaid. The fascinating results are printed out and hung up in the cloakroom as a surprise for the children when they are picked up at the end of the day: "Look where I've been today!"

Darauf achten! *Please note!*

Die Green-Screen-Technik sollte langsam und in kleinen Schritten erklärt werden. Das Arrangement sollte zudem so aufgebaut sein, dass Kinder in Ruhe und unfallfrei spielen können.

The green-screen technology should be explained slowly, in small steps. The equipment should be arranged in a way that allows the children to play calmly and safely.

Das lernen die Kinder

What the children learn

- Handlungen planen und sinnvoll umsetzen
- Umgang mit Filmtechnik
- Kommunikation und Kooperation
- Reflexion und kritisches Denken: Wie echt sind Medienbilder, die wir im Fernsehen sehen?

- *Planning and meaningfully implementing actions*
- *Using film technology*
- *Communicating and working with others*
- *Reflecting and thinking critically: How authentic are media images that we see on television?*

Stop Motion! Oder: Wie ein Film entsteht

Stop motion! Or: How a film is made

Material / Alter *Materials / age*

- Tablet mit zuvor bespielten Bildern und der App *Stop Motion Pro*
- grünes Tuch oder Papier
- Staffelei oder andere, sichere Befestigungsmöglichkeit für das Tablet
- Knete in verschiedenen Farben außer grün
- starkes Papier und Stifte
- doppelseitiges Klebeband
- ab 5 Jahren

- *Tablet with pre-loaded images and the* Stop Motion Pro *app*
- *Green sheet or paper*
- *Easel or other means of securely attaching the tablet*
- *Modelling clay in different colours (apart from green)*
- *Strong paper and pens*
- *Double-sided sticky tape*
- *Age five plus*

So gehts! *Here's how it works!*

Filmtechnik baut darauf auf, dass viele einzelne Bilder nacheinander abgespielt werden und so die Illusion eines steten Bewegungsflusses entsteht. Auch für dieses Angebot verwenden wir die App *Stop Motion Pro* mit der Green-Screen-Funktion, um mit den Kindern einen eigenen Film zu drehen. Nachdem sich die Erzieherin mit der App vertraut gemacht hat, wird das „Filmstudio" errichtet.

Um wackelige Bilder zu vermeiden, sollte das Tablet stabil z. B. auf einer Staffelei stehen. Eine Wand und der davor liegende Bodenbereich werden durch ein großes, möglichst mittelgrünes Tuch abgedeckt. Die Kinder können in der Zwischenzeit Figuren kneten oder zeichnen und ausschneiden, die im Film verwendet werden sollen. Gemeinsam mit der Erzieherin kann dann eine Geschichte überlegt werden, die vor dem Green-Screen gespielt wird. Über das Tablet können dann Hintergrundbilder, Musik und Geräusche ausgesucht werden, die die Geschichte abrunden. Und wie wäre es ganz klassisch mit einem Abspann, der die Mitwirkenden aufführt?

Film technology builds on the fact that playing lots of individual images one after the other creates the illusion of seamless movement. For this activity too, we use the Stop Motion Pro *app with the green-screen function to allow the children to make their own film. The educator first familiarises himself or herself with the app and then sets up the film studio. In order to avoid a wobbly picture, the tablet should be attached securely to a stable easel. A wall and the floor space in front of it are covered with a large sheet, if possible one that is medium green in colour. In the meantime, the children can create figures with the modelling clay or draw and cut them out for use in the film. They then engage in discussion with the educator to come up with a story to film in front of the green screen. The children can then select background images, music and sound effects from the tablet to complete the story. And how about including the traditional credits listing everyone involved in producing the film?*

Darauf achten! *Please note!*

Die App ist sehr umfangreich und sollte daher langsam eingeführt werden. Bevor eine komplexe Geschichte ausgedacht wird, sollte man mit kleineren Projekten starten.

The app is extensive in nature, which is why it should be introduced gradually. You should undertake small projects with the children before working on a complex story.

Das lernen die Kinder

What the children learn

- Handlungen planen und sinnvoll umsetzen, Kooperation
- Sprachförderung sowie Ausbau von Kreativität und Fantasie durch das Erfinden von Geschichten
- Geduld, Aufschieben von eigenen Bedürfnissen

- *Planning and meaningfully implementing actions, cooperation*
- *Promoting language and developing creativity and imagination through creating stories*
- *Patience, deferring one's own needs*

Mal mir rote Wangen und Engelsflügel!

Give me red cheeks and angel's wings!

Material / Alter *Materials / age*

- Tablet mit Mal-App, z. B. *Art Set*
- Beamer, Verbindungskabel
- weißes Tuch oder Projektionswand
- ab 4 Jahren

- *Tablet with the* Art Set *drawing app*
- *Projector, connection cable*
- *White sheet or projection wall*
- *Age four plus*

So gehts! *Here's how it works!*

Für dieses Spiel liegt ein Tablet bereit, an das ein Beamer angeschlossen ist. Dieser wirft sein Licht an ein möglichst zweiteiliges, großes weißes Tuch, das an einer quer gespannten Schnur in „Über-Kopf-Höhe" hängt. Alternativ kann aber auch mit einer üblichen Projektionswand gearbeitet werden. Für die Aktion stellt sich eine Gruppe von Kindern vor die Leinwand, während ein oder zwei weitere Kinder auf dem Tablet mit Hilfe der App die Kinder vor der Projektionswand virtuell „schminken" können. Sie versuchen, genau auf die Stelle des Displays Farbe und Form zu bringen, die der Position des Kopfes oder anderer Körperbereiche vor der Leinwand entspricht.

For this game, a tablet is connected to a projector. If possible, the projector light should be directed onto a large, two-piece white sheet hung above head height from a line. Alternatively, you can work with a standard projection wall. For this activity, a group of children stand in front of the screen, while one or two other children put on virtual "make-up" on them using the app on the tablet. They try to place colours and shapes in the exact position on the display corresponding to the position of the children's heads or other parts of the body.

Varianten *Variations*

Wem eine Projektionswand zu langweilig ist, der greift zu einem zweiteiligen Vorhang, der es ermöglicht, das Kind nur mit dem Kopf von hinten durch das Tuch schauen zu lassen, um den Körper frei zu gestalten – wie wäre es mir Engelsflügeln oder einem vierbeinigen Tierkörper?

If a projection wall is too boring for a particular group of children, then they can use a two-piece curtain which they can use to peer through from behind with just their heads, allowing them to design their own bodies – how about angel's wings or a four-legged animal body?

Darauf achten! *Please note!*

Achten Sie darauf, dass das Licht des Beamers nicht zu hell ist. Wer mit dem Vorhang arbeitet, sollte darauf achten, dass dieser gut befestigt ist, damit die Kinder ihn im Spiel nicht herunterreißen können.

Take care to ensure that the projector light is not too bright. When working with a curtain, you should ensure that it is securely attached so that it is not pulled down by the children in the middle of playing.

Das lernen die Kinder
What the children learn

- Kooperation
- sich auf die Bedürfnisse anderer einstellen und respektvoll miteinander umgehen
- Kreativität
- Geschicklichkeit beim Malen auf dem Tablet

- *Cooperation*
- *Recognising the needs of others and interacting respectfully with others*
- *Creativity*
- *Becoming skilful in drawing on the tablet*

Verrenk dich!

Twist your body!

Material / Alter *Materials / age*

- Tablet mit Mal-App, z. B. *Art Set*
- Beamer, Verbindungskabel, Projektionsfläche (Tuch oder Wand)
- ab 4 Jahren

- *Tablet with the* Art Set *drawing app*
- *Projector, connection cable, projection surface (sheet or wall)*
- *Age four plus*

So gehts! *Here's how it works!*

Bei diesem Spiel malen die Kinder auf dem Tablet Strichmännchen, z. B. mit der App „Art Set". Der Beamer überträgt die Bilder auf eine bis zum Boden gespannte Leinwand, vor der andere Kinder darauf warten, nach der Fertigstellung der Strichmännchen deren Körperhaltung nachahmen zu können. Bei sorgfältig gemalten Strichmännchen mit realistischen Körpermaßen wäre das ziemlich einfach – aber natürlich ziehen die Kinder es vor, ihre Strichmännchen auf kaum nachahmbare Art zu verrenken. Ein Spaß bis zum – nicht nur sprichwörtlichen – Umfallen!

For this game, children draw stick figures on the tablet using an app such as Art Set. The projector projects the pictures on a screen running down to the floor. Other children wait in front of the screen until the stick figures have been drawn and then copy their posture. If the stick figures were carefully drawn in realistic proportions, then this would be quite easy, but, of course, the children prefer to draw the figures in positions that are virtually impossible to copy. Twist and turn until you drop, quite literally too!

Varianten *Variations*

Die Gruppe von Kindern malt statt Strichmännchen ihnen bekannte Buchstaben, während ein oder zwei weitere Kinder vor der Leinwand versuchen, diese mit vollem Körpereinsatz nachzustellen.

Instead of stick figures, the group of children draw letters that they know, while one or two other children stand in front of the screen and use their whole bodies to try and make those letters.

Darauf achten! *Please note!*

Die Projektionswand sollte möglichst durchscheinend sein, damit von beiden Seiten der Schatten zu sehen ist. Erzieher sollten zudem auf eine gute Befestigung Acht geben, damit die Kinder das Tuch im Spiel nicht herunterreißen können.

The projection wall should let as much light through as possible so that the shadows are visible from both sides. Educators should also pay particular attention to ensuring that the sheet is well secured to prevent it being torn down by the children while they are playing.

Das lernen die Kinder
What the children learn

- Sprachförderung und Kooperation: Tipps geben, damit der andere weiß, was er tun soll
- Handlungen planen und sinnvoll umsetzen

- *Promoting language and cooperation: Giving tips to help others know what to do*
- *Planning and meaningfully implementing actions*

Das Bild im Bild im Bild im Bild …

The picture within a picture within a picture within a picture …

Material / Alter *Materials / age*

- Tablet mit Mal-App, z. B. *Art Set*
- sichere Befestigungsmöglichkeit für das Tablet
- Beamer, Verbindungskabel
- Projektionsfläche
- eventuell Verdunkelung vor den Fenstern
- ab 2 Jahren

- *Tablet with the* Art Set *drawing app*
- *A secure means of holding the tablet in place*
- *Projector, connection cable*
- *Projection surface*
- *Material for blacking out the windows where necessary*
- *Age two plus*

So gehts! *Here's how it works!*

Auch bei diesem Spielanlass werden Beamer und Tablet miteinander verbunden. Das Tablet wird mit Hilfe einer Stütze – etwa einer Staffelei oder Buchstütze – so aufgestellt, dass die eingebaute Kamera genau auf die Leinwand ausgerichtet ist. Durch diesen Aufbau kann man einen geradezu einzigartigen Effekt erleben: Auf der Leinwand ist nun nicht nur das zu sehen, was die Kamera filmt, sondern auch das Abbild dieser Projektion. Die Leinwand zeigt nun also den Raum mit einer Leinwand darin, auf der wiederum der Raum mit der Leinwand zu sehen ist … Das Ganze wiederholt sich bis ins Unendliche. In schwach beleuchteten Räumen wird dabei das Bild vom Bild von Ebene zu Ebene immer heller. Faszinierend zu beobachten ist, was passiert, wenn man sich nun zwischen Projektor und Leinwand begibt und sich bewegt: Die Projektionen erfolgen mit einer winzigen Zeitverzögerung, sodass die Bewegung auf dem Bild im Bild immer etwas später zu sehen ist als auf der darüber liegenden Ebene. Man kann also beim Tanzen und Hüpfen vor der Leinwand seinen eigenen, gerade beendeten Bewegungen noch eine Weile zuschauen und wird Teil einer merkwürdigen, sehr beeindruckenden Tanz-Performance.

This game also involves connecting up the projector and the tablet. Use a support, such as an easel or bookend, to set up the tablet in such a way that the built-in camera is pointed directly at the screen. This set-up makes it possible to create a unique effect, whereby the screen not only shows what the camera is filming, but also the reflection of this projection. As such, the screen now shows the room with a screen in it on which you can see the room with the screen ... and on and on it goes. And in a dimly lit room, the picture within a picture becomes brighter from one level to the next. It is fascinating to observe what happens when you place yourself between the projector and the screen and move around: The projections have a tiny time delay so that the movement on the picture within a picture takes place slightly later than it does at the level above. This means that when children dance and jump in front of the screen, they can still watch their own movements for a while after they stop moving and thus become part of an intriguing and highly fascinating dance performance.

Darauf achten! *Please note!*

Die Erzieherin sollte einen sicheren und erhöhten Standort für den Beamer finden, den die Kindern nicht erreichen können, um einen Blick in den Lichtstrahl zu vermeiden.

The educator should find a secure and raised platform for the projector that is out of reach of the children in order to stop them from looking into the light beam.

Das lernen die Kinder

What the children learn

- Naturwissenschaftliche Erfahrungen mit Licht
- Kooperation
- Sprachförderung

- *Scientific experimentation with light*
- *Cooperation*
- *Promoting language*

Ritterspiele an der Schattenwand

Medieval games on the shadow screen

Material / Alter *Materials / age*

- Tablet mit Mal-App, z. B. *Art Set*
- Spielfiguren
- Spielburg
- Beamer, Verbindungskabel, Projektionsfläche

- *Tablet with the* Art Set drawing *app*
- *Toy figures*
- *Toy castle*
- *Projector, connection cable, projection surface*

So gehts! *Here's how it works!*

Manche Spielszenarien sehen erst im Schattenbild richtig dramatisch aus – zum Beispiel eine Ritterburg, die mit etwas Abstand vor einer Projektionswand steht, auf die ein Beamer sein Licht wirft. Schon jetzt ist dieses einfach zu erzielende Szenario hervorragend bespielbar und die Kinder lassen die Ritterfiguren im Schatten Einzug halten.

Some playing scenarios only take on truly dramatic proportions on the shadow wall – for example, when the projector casts its light onto the knight's castle, which is situated some distance away from the projection wall. This easily creatable scenario now provides an ideal playscape and the children make their toy-knight shadows advance towards the castle.

Varianten *Variations*

Interaktiv wird das Spiel, wenn einzelne Kinder nun über das Mal-Programm Landschaften und Gegenstände in das Ritter-Szenario zu malen beginnen, die über den Beamer sichtbar werden. „Mal uns einen Drachen!“, rufen die Rollenspiel-Kinder denen am Tablet zu.

The game becomes interactive as individual children now begin to use the drawing program to add landscapes and objects into the medieval scenario and these drawings become visible on the projector. "Draw a dragon for us!", the role-playing children shout to those using the tablet.

Darauf achten! *Please note!*

Die Kinder sollten nicht überfordert werden: Die Technik langsam in kleinen Schritten einführen. Das Arrangement sollte durch die Erzieherin so aufgebaut werden, dass die Kinder in Ruhe und unfallfrei spielen können.

Avoid overstretching the children: Introduce the technology one small step at a time. The educator should arrange the equipment in a way that allows the children to play calmly and safely.

Das lernen die Kinder
What the children learn

- Kooperation, Sprachförderung, Fantasie, Rücksicht nehmen und auf die Bedürfnisse anderer eingehen, Empathie

- *Working together, developing their language skills and imaginations, showing consideration, responding to the needs of others, empathising*

Kommunikation

Communication

Menschen kommunizieren real von Angesicht zu Angesicht – und über Medien. Auch das ist längst für die Wahrnehmung von Kindern so prägend, dass es fast verwundert, wie wenig Berührung ihnen mit diesem Untersuchungsfeld manchmal gestattet ist. Wenn Eltern, Geschwister und nahestehende Personen mailen, SMS verschicken, skypen und auf anderem Wege Nachrichten versenden, sollten kleine Kinder die Chance haben, dieses Verhalten spielerisch zu erforschen.

People engage in real communication face to face – and via media. This reality has also shaped children's awareness so much that it almost beggars belief just how little opportunity they are given to engage with digital media in some contexts. If parents, siblings and other people close to the children send e-mails and text messages, Skype and use other means of transmitting messages, then small children should have the opportunity to explore these activities through play.

Ich melde mich direkt vom Bad!

I'm reporting live from the bath!

Material / Alter *Materials / age*

- zwei Tablets mit Bildtelefonie und Netzwerkzugang
- ab 4 Jahren

- *Two tablets with video-call functionality and network access*
- *Age four plus*

So gehts! *Here's how it works!*

„Wo bin ich gerade?", heißt die Frage bei diesem Spiel, das mit mindestens zwei verbundenen Tablets, Smartphones oder Laptops gespielt wird: Zwischen beiden Geräten stellt die Erzieherin per *Skype* oder *FaceTime* eine Bild-Telefon-Verbindung her. Nun kann ein Kind mit dem beweglicheren Gerät durch den Kindergarten gehen, während die Gruppe am zweiten Gerät verfolgen kann, ob dieser „Außenreporter" gerade unterwegs ist. Ein großer Ratespaß – denn nicht jeden Raum erkennt man anhand der wenigen auf dem Bildschirm sichtbaren Dinge sofort!

"Where am I right now?" is the question in this game, which is played with two or more connected tablets, smartphones or laptops. The educator uses Skype *or* FaceTime *to set up a video call between the two devices. Now one child can move through the nursery with the mobile device while the group uses the second device to check where this "roving reporter" is currently located. The guessing process is a great deal of fun, as not every room can be recognised immediately from the few things that are visible on the screen!*

Varianten *Variations*

Eine Gruppe Kinder versteckt einen Schatz irgendwo in den Räumlichkeiten des Kindergartens. Die Sucher-Gruppe erhält nun das Tablet, um auf eine aus der Ferne begleitete Suche zu gehen. Von der Kommandostation aus gibt ihnen die Gruppe der Verstecker Hinweise, in welche Richtung die Suche weitergehen könnte.

A group of children hides an item of treasure somewhere in the nursery. The group of seekers is now given the tablet and sets off on a remotely assisted search. From the command station, the group of hiders provides the seekers with tips as to what direction the search might head in next.

Darauf achten! *Please note!*

Technische Voraussetzung für dieses amüsante Spiel sind ein Internetzugang für beide Geräte und zwei unterschiedliche Adressen für das jeweilige Bildtelefonie-Programm, um sich über Skype oder Facetime gegenseitig anrufen zu können.

The technical equipment for this entertaining game comprises internet access for both devices and two different addresses for the corresponding video-call program in order for the groups to call each other on Skype or FaceTime.

Das lernen die Kinder

What the children learn

- Orientierung im Raum: gerade das Dirigieren aus der Ferne ist eine anspruchsvolle Übung für das Gehirn.
- Erkennen von Einzelheiten: auf dem Bildschirm sieht die vertraute Umgebung anders aus und muss anhand weniger Merkmale erkannt werden.

- *Orienting themselves in the room: Providing directions remotely is a particularly challenging exercise for the brain.*
- *Recognising details: Familiar environments look different on a screen and must be identified using just a few features.*

Hallo Wiesengeister, hier spricht die Kita Stadtfüchse!

Hello Wiesengeister, this is the Stadtfüchse nursery!

Material / Alter *Materials / age*

- Tablet mit Bildtelefonie und E-Mail-Programm
- ab 3 Jahren

- *Tablet with video-call function and e-mail program*
- *Age three plus*

So gehts! *Here's how it works!*

Noch vor dreißig Jahren galt Bildtelefonie als absolute Zukunftsmusik – und plötzlich ist es ganz normal, dass so etwas möglich ist: Man kann sich über große Entfernungen sehen, miteinander sprechen und Dinge zeigen. Für Kinder ist das eine tolle Möglichkeit, mit anderen zu kommunizieren, über andere zu lernen und am Leben anderer teilzunehmen. Gut geeignet sind solche Programme daher, um mit weiter entfernten Partner-Kindergärten zu kommunizieren: Dafür verabreden sich zwei Einrichtungen zu einer wöchentlich feststehenden Zeit zum Bildtelefonieren. Am Anfang mag das irritierend sein, aber erfahrungsgemäß schätzen die Kinder nach einiger Zeit diese Form der Kommunikation. „Ich möchte wissen, wie bei Jonas der Geburtstag letzte Woche war!", überlegen dann die Kinder oder unterhalten sich darüber, dass sie einige der Kinder besonders ins Herz geschlossen haben – und ein Treffen „in echt" bald dringend nötig sein wird!

Just 30 years ago, video telephony was considered a far off dream – and suddenly this technology is considered completely normal: We can see and speak to each other and show each other things over great distances. For children, this represents a fantastic opportunity to communicate with and learn about others and to share something of their lives. This makes such programs well suited to communicating with partner nurseries that are further away. To this end, two nurseries agree to video call each other at a set time each week. It may not be popular at first, but experience shows that the children come to value this form of communication over time. "I'd like to know how Jonas' birthday went last week!", the children think or talk about the fact that they have grown particularly attached to some of the other children – and it will soon be necessary to meet up "in real life"!

Varianten *Variations*

Lara hat sich das Bein gebrochen und muss im Krankenhaus liegen! Die Bildtelefonie bietet sich auch an, sollte ein Kind länger nicht in die Einrichtung kommen können. Sollten die Eltern des betreffenden Kindes mit entsprechender Technik ausgerüstet sein und zustimmen, können die Kinder so Kontakt halten und sich alles Gute wünschen.

Lara has broken her leg and has to stay in hospital! Video telephony is also a useful option if a child is unable to attend nursery for a longer period of time. If the parents of the child in question have the relevant technology and give their consent, then Lara's nursery friends can stay in touch with her and wish her all the best.

Darauf achten! *Please note!*

Facetimen und *skypen* ist kinderleicht, benötigt aber ein stabiles WLAN – und unterschiedliche Email-Adresse beider Empfangsgeräte.

FaceTime *and* Skype *are extremely easy to use, but they do require a stable WiFi connection – and different e-mail addresses for the two receiving devices.*

Das lernen die Kinder
What the children learn

- Mit anderen kommunizieren, sich um andere sorgen und neugierig und offen für fremde Welten sein
- Geübt werden der respektvolle Umgang mit anderen, Sprachförderung, Toleranz und Integrationsfähigkeit.

- *Communicating with others, caring about others and being open to and curious about foreign worlds*
- *They gain practice in interacting respectfully with others, develop their language skills and learn to be tolerant and more integrated.*

Sag noch mal „Apfel“ auf Russisch!

Say “apple” again in Russian!

Material / Alter *Materials / age*

- Tablet mit kindgerechter App zum Sprachenlernen, z. B. *TicTic*
- ab 4 Jahren

- *Tablet with child-friendly language-learning app, such as* TicTic
- *Age four plus*

So gehts! *Here’s how it works!*

Alex hat es schwer in der Gruppe: Der erst vor kurzem nach Deutschland gezogene Junge spricht kaum ein Wort Deutsch. Seine Erzieherin bringt das Tablet mit, auf dem eine Übersetzungs-App installiert wurde, und zeigt Alex, wie er diese bedient. Mit der App kann er einfache russische Worte sprechen, die das Tablet wiederholt und auf Deutsch vorträgt. Das funktioniert natürlich auch andersherum. Das Programm ersetzt kein Erlernen der neuen Landessprache, gibt Alex aber ein Gefühl von Heimat und Zugehörigkeit und weckt das Interesse der anderen Kinder an Alex, den sie mangels Kommunikationsmöglichkeiten bisher fast übersehen haben. Mit der App ist die Sprachbarriere plötzlich ein Riesenspaß: Wie sagt man „Apfel“ oder „Mädchen“ auf Russisch und wie kann Alex „Danke“ und „Bitte“ auf Deutsch sagen?

Alex is having difficulties in the group: Having recently moved to Germany, the young lad barely speaks a word of German. His educator brings along the tablet on which a translation app has been installed and shows Alex how to use it. He speaks simple Russian words into the app, which the tablet repeats and reproduces in German. And of course, it works the other way round too. The program is not a substitute for Alex learning the language of his new country, but rather gives him a sense of home and belonging and makes the other children more interested in him, having almost not noticed him at all previously due to a lack of means for communicating with him. The app suddenly turns the language barrier into a great deal of fun: How do you say "apple" or "girl" in Russian and how can Alex say "thanks" and "please" in German?

Darauf achten! *Please note!*

Die Kinder nicht verwirren. Beim Einsatz von Sprachvermittlungs-Apps sollte immer klar sein, um welche Sprache es gerade geht. Viele kostenlose Apps sind voller Werbung, die die Anwendung stören. Lieber ein, zwei Euro in eine werbefreie App investieren.

Do not confuse the children. You should always make clear when using language translation apps which language is currently in use. Many free apps are full of advertising which disrupt their operation. It is better to invest one or two euros in an ad-free app.

Das lernen die Kinder
What the children learn

- Interaktion
- aufeinander zugehen und voneinander lernen

- *Interaction*
- *Be open to one another, learning from each other*

Großes Kino mit kleinen Regisseuren

Grand cinema with little directors

Material / Alter *Materials / age*

- Tablet mit Film-App, z. B. *Puppet Pals*
- Spielmaterial
- ab 4 Jahren

- *Tablet with a film app, such as* Puppet Pals
- *Play materials*
- *Age four plus*

So gehts! *Here's how it works!*

Die App *Puppet Pals* erlaubt schon sehr jungen Kindern, einfache Filme zu drehen – mit zwei wesentlichen Arbeitsformen: Die Akteure für den Film können mit Hilfe eines Auswahlinstruments aus zuvor geschossenen Fotos ausgeschnitten werden, um sie nun per Fingerbewegung auf dem Display hin und her zu bewegen, zu vergrößern oder zu verkleinern. Wenn man währenddessen den Aufnahmemodus betätigt, werden diese Aktionen und Bewegungen aufgezeichnet – ebenso wie das dabei Gesprochene, sozusagen als „Live-Synchronisation". Im Kindergarten entsteht auf diese Weise z. B. ein Film zur Geschichte „Die drei kleinen Schweinchen" mit ihren unterschiedlich stabilen Häusern. Akteure sind kleine Holzfiguren, welche die Kinder mit Hilfe der App fotografieren und anschließend per Ausschneideinstrument von ihrem ursprünglichen Foto-Hintergrund trennen. Die Kinder wünschen sich Abbildungen von einem Stroh- und Steinhaus, die die Erzieherin bereitstellt. Das Holzhaus bauen die Kinder währenddessen aus Bauklötzen nach und fotografieren es. Vor dieser Kulisse agieren nun die Akteure, wobei das Ende der Geschichte von Kind zu

Kind variiert: Bei Luca werden die Schweinchen gefressen, bei Lisa wird der Wolf dann doch noch gezähmt und darf im Strohhaus wohnen.

The Puppet Pals *app allows even very young children to make simple films – using two basic ways of working: The actors for the film can be cut out from previously created films using a cutting tool and then moved backwards and forwards, magnified and made smaller by moving your finger on the display. If you switch on recording mode while doing this, then these actions and movements are recorded, along with the spoken dialogue, creating a form of live dubbing. In this way, nursery children can create a film of the story "The Three Little Pigs" with their houses of differing stability. The actors are small wooden figures which the children photograph with the aid of the app and then cut out of their original photo background using a cutting tool. The children want pictures of a straw and a brick house, which the educator then provides. In the meantime, the children build the wooden house out of building blocks and take a photo of it. The actors then perform against this backdrop, with the story ending differently from child to child: In Luca's story, the little pigs get eaten, while in Lisa's the wolf is finally tamed and allowed to live in the house made of straw.*

Darauf achten! *Please note!*

Achten Sie darauf, dass es nicht zu viele Hintergrundgeräusche gibt, damit die Kinder im Film gut zu verstehen sind.

Ensure that background noise is kept to a minimum so that the children can be easily understood on the film.

Das lernen die Kinder
What the children learn

- Eine Geschichte wiederzugeben ist eine große Leistung für ein Vorschulkind, sie dann noch zu verfremden ist eine Herausforderung. Die Kinder lernen sich auszudrücken, eine Reihenfolge einzuhalten, geduldig abzuwarten, bis sie an der Reihe sind, zu kooperieren und Rücksicht zu nehmen.

- *Retelling a story is a major achievement for a preschool child; adapting that story is a challenge. The children learn to express themselves, follow a sequence, patiently await their turn, work together and be considerate.*

Lernen im Alltag

Everyday learning

„Man muss nicht alles wissen. Man muss nur wissen, wo es steht.", sagte man im Zeitalter des Lexikons. Heute wird Wissen im Netz von Mensch zu Mensch weitergegeben, geteilt, ergänzt und bereichert. Auch kleine Kinder können einen Blick in diese Welt erhaschen. Wenn wir in diesem letzten Abschnitt der Projektgeschichten dafür plädieren, digitale Medien zur Unterstützung des Lernens der Kinder zu verwenden, geht es nicht nur um Recherchen und schon gar nicht um öde Lern-Programme, bei denen vermeintlich die Schulfähigkeit durch Buchstabier- und Rechenübungen trainiert wird. Also her mit Ideen, wie man mit Kamera und Tablet auf spielerische und sinnvolle Weise Neues erfährt!

"You don't have to know everything. You only need to know where it's found", is what they said in the age of the dictionary. Nowadays, knowledge is passed on from one person to another online, where it is also shared, supplemented and enriched. Even small children can catch a glimpse into this world. In making the case in this last section of the project ideas for using digital media to support the children's learning, we are referring to more than just research, and we certainly do not have in mind tedious learning programs that are supposed to prepare children for school by means of literacy and numeracy exercises. So, bring on the ideas for using cameras and tablets to facilitate learning in a fun and meaningful way!

So funktioniert das Experiment mit dem Eis!

Let’s experiment with ice!

Material / Alter *Materials / age*

- Tablet mit Film-App, z. B. *Puppet Pals*
- ab 4 Jahren

- *Tablet with a film app, such as* Puppet Pals
- *Age four plus*

So gehts! *Here’s how it works!*

Einfache Filmprogramme wie die App *Puppet Pals* eignen sich hervorragend für Kinder, um den Ablauf kleiner Experimente festzuhalten – von der Bereitstellung der nötigen Materialien bis zum Ergebnis und einem Interpretationsversuch des filmischen Ausgangs. Die Gruppe der Vierjährigen hat sich im Experimentierraum des Kindergartens zusammengefunden. Sie untersuchen den Schnee, der in der letzten Nacht gefallen ist. „Woraus besteht Schnee und was passiert, wenn er schmilzt?“, fragen die Kinder. Sie halten die einzelnen Schritte des Schmelzens fotografisch fest, schneiden mit Hilfe des Schneide-Instruments der App die wesentlichen Materialien aus, um sie dann auf dem Display in die richtigen Reihenfolge zu bringen und dabei zu erläutern, was sie getan haben. Zum Schluss fragt die begleitende Erzieherin Silke: „Was meint ihr nun, warum der Schnee schmilzt?“ Die Antworten der Kinder sind in den kurzen Filmen zu finden, die in ihren Portfolios aufbewahrt werden.

Simple film programs such as the Puppet Pals *app are ideal for use by children to record small experiments – from preparation of the necessary materials through to the results and an attempt at interpreting the cinematic outcome. The group of four-year-olds has gathered in the nursery's experiment room. They examine the snow that has fallen last night. "What is snow made of and what happens when it melts?", ask the children. They make a photographic record of the individual steps in the melting process and edit the key material using the app's snipping tool in order to then place them in the correct order on the display and explain what they have done. At the end, Silke, the supervising educator, asks the children: "So, why do you think snow melts now?" The children's answers can be found in the short films, which are kept in their portfolios.*

Darauf achten! *Please note!*

Geben Sie den Kindern Zeit und Ruhe, um ihre Experimente aufzuzeichnen. Berichtigen Sie die Thesen der Kinder nicht, sondern lassen Sie sie ausprobieren.

Give the children time and space to record their experiments. Do not correct the children's hypotheses, but rather let them test them out for themselves.

Das lernen die Kinder

What the children learn

- Wissen reflektieren und Thesen bilden
- Sprachförderung, Handlungen planen und sinnvoll umsetzen, Denken in Zusammenhängen und aktives Beobachten

- *Reflecting knowledge and thinking about hypotheses*
- *Language promoting and obervation skills, their ability to plan and properly implement actions, and their capacity to think in context*

Tablets an der Wand: Bildverfremdung

Tablets on the wall: Image modification

Material / Alter *Materials / age*

- Tablet mit Foto-App, z. B. *Photo Booth* oder *Insta Booth*
- Wandhalterung für das Tablet oder Staffelei
- ab 3 Jahren

- *Tablet with photo app, such as* Photo Booth *or* Insta Booth
- *Wall holder for the tablet or easel*
- *Age three plus*

So gehts! *Here's how it works!*

Im Flur steht ein Tablet an der Wand – möglichst niedrig angebracht, sodass die Kinder sich gut im Display sehen können. Nach dem Start der App zeigt diese jeden, der am Tablet vorbeigeht – ähnlich einer Überwachungskamera. Nur sehen die Personen in diesen Filmen ganz komisch aus, denn ein Foto-Veränderungsprogramm ist eingeschaltet! Die Kinder versammeln sich vor dem Gerät und spekulieren: „Das ist bestimmt eine Kamera, die zeigt wie warm du bist!", spekuliert Anton. „Nein, die ist dafür da, um Einbrecher zu fangen!", glaubt Marie. Leon entdeckt einen Knopf an der Seite und stellt das Programm um: Plötzlicht steht die Aufnahme auf dem Kopf!

Attach a tablet to the wall in the corridor, low down enough for the children to see the display clearly. After launching the app, the tablet shows everyone who walks past it, much like a surveillance camera, only in this case the children look very strange due to the use of a program that alters the images! The children gather round the device and discuss what it might be: "I bet it's a camera that shows how warm you are!", says Anton. "No, it's for catching burglars!", says Marie. Leon spots a button on the side and adjusts the program: Suddenly the picture is upside down!

Darauf achten! *Please note!*

Das Tablet sicher in Augenhöhe der Kinder befestigen und einen Ort wählen, der von möglichst vielen Personen frequentiert wird.

Position the tablet securely at the level of the children's eyes and select a location that is visited by as many people as possible.

Das lernen die Kinder

What the children learn

- Sind Fotos und Filme ein Abbild der Realität? In diesem Spiel lernen die Kinder mit Bildverfremdungen umzugehen. Kritisches Denken, respektvolles Diskutieren und Gedankenaustausch finden statt. Die Kinder gelangen zudem zu der Erkenntnis, dass andere ganz anders denken können als man selbst.

- *Do photos and films reflect reality? In this game, the children learn to get to grips with image modification. This involves critical thinking, respectful discussion and the exchange of ideas. The children also come to recognise that others sometimes think very differently to them.*

Ich werfe Märchen an die Wand!

I'm projecting fairytales onto the wall!

Material / Alter *Materials / age*

- Bilderbuch und Dokumentenlampe
- weiße Wand
- ab 1 Jahr

- *Picture book and document lamp*
- *White wall*
- *Age one plus*

So gehts! *Here's how it works!*

Ein ganz einfaches digitales Gerät ist die Dokumentenlampe, mit der das Betrachten von Bildern plötzlich Kino-Qualität bekommen kann, da sie groß an der Wand erscheinen. Gerade bei größeren Gruppen von Kindern bietet sich die Nutzung der Technik an: In der Krippe haben sich die Zweijährigen um Erzieherin Silke gekuschelt, die heute aus einem neuen Buch vorliest. Alle sind gespannt und wollen die Bilder sehen! Silke richtet das Licht der Dokumentenlampe auf die Seiten. Das Bilderbuch erscheint an der Wand und alle Kinder können entspannt zusehen.

The document lamp is a very simple digital device that gives pictures a cinematic quality by making them appear large on the wall. This technology is particularly suited for use with larger groups of children: The two-year-olds in the nursery have snuggled up around educator Silke who is reading a new book to them today. The children are all excited and want to see the pictures! Silke shines the light from the document lamp onto the pages. The picture book appears on the wall and all the children look at it with fascination.

Varianten *Variations*

Zeichnungen der Kinder präsentieren: In einer flüchtigen Galerie an der Wand können mit Hilfe der Dokumentenlampe Bilder der Kinder ganz groß gezeigt werden und live von den Künstlern erläutert werden.

Presenting the children's drawings: Use the document lamp to create a moving gallery on the wall which shows the children's pictures greatly enlarged and allows the young artists to comment on them as they pass by.

Darauf achten! *Please note!*

Die Dokumentenlampe nicht von Kindern untersuchen lassen. Die „gebeamte" Vorleserunden mit klassischen Lese-Momenten, die mehr Nähe ergeben, abwechseln.

Do not let the children examine the document lamp. Alternate the projected reading sessions with classic reading moments which provide greater proximity.

Das lernen die Kinder
What the children learn

- Kommunizieren: Beim gemeinsamen Blick auf die Wand ergibt sich automatisch, dass die Kinder über das Gesehene in Austausch treten.

- *Communication: Looking together at the images on the wall automatically leads the children to discuss with one another what they have seen.*

QR-Code-Schnitzeljagd

QR code scavenger hunt

Material / Alter *Materials / age*

- Tablet mit QR-Code-App, z. B. „QR Code Scanner“
- Papier, Drucker, laminierte QR-Codes mit Zahlen
- Locher, Schnur
- ab 3 Jahren

- *Tablet with a QR code app, such as QR Code Scanner*
- *Paper, printer, laminated QR codes with numbers*
- *Hole punch, string*
- *Age three plus*

So gehts! *Here's how it works!*

„Woher weiß die Kassiererin an der Supermarktkasse, wie teuer die Milch ist? Sie hält doch nur so ein seltsames Gerät über die auf der Packung aufgedruckten Striche?“, fragen die Kindergartenkinder. Für sie ist es interessant zu erfahren, wie Informationen verschlüsselt werden und wie man sie wieder entschlüsseln kann. Mit der QR-Code-App können Kinder selbst erfahren, was es bedeutet, wenn Informationen plötzlich zu merkwürdigen Bildern und Codes werden. Auf dem Versteck-Terrain hat die Erzieherin QR-Codes hinterlegt, die wie eine Schatzkarte jeweils zu Bildern führen, die wiederum bestimmte Dinge auf dem Gelände zeigen: Der erste QR-Code entpuppt sich als Link zu einem Bild einer Schaukel, und wenn die Kinder die reale Schaukel aufsuchen, finden Sie dort den nächsten Code, der wiederum das Bild einer Kletterwand zeigt …

"How does the checkout operator in the supermarket know how much the milk costs? She just holds a strange device over the lines printed on the packaging?", ask the nursery children. It is interesting for them to find out how information is encrypted and how it can be decrypted. Using the QR code, children can find out for themselves what it means when information is suddenly transformed into strange images and codes. The educator places QR codes around the trail, which act like treasure maps, each leading to pictures, which in turn show particular items on the trail: The first QR code turns out to be a link to a picture of a swing. When the children find the real swing, they will also find the next code which then shows a picture of the climbing wall ...

Darauf achten! *Please note!*

QR-Codes sind einfach zu scannen und die Kinder lernen dies entsprechend schnell. Vielmehr sollte darauf geachtet werden, dass die Kinder die versteckten Rätsel lösen können. Die vorgeschlagene Variante sollte daher erst mit Kindern ab 4 Jahren gespielt werden.

QR codes are easy to scan and the children quickly get the hang of this. Attention should primarily be given to ensuring that the children can solve the hidden riddles. Consequently, the proposed alternative should only be played with children aged four and above.

Das lernen die Kinder

What the children learn

- Verständnis für symbolische Darstellungen

- *Understanding symbolic illustrations*

„Ich packe meinen Koffer“ einmal anders

A different take on “I packed my bag”

Material / Alter *Materials / age*

- Tablet mit QR-Code-App, z. B. *QR Code Scanner*
- laminierte QR-Codes in einem Korb
- kleiner Koffer
- ab 4 Jahren

- *Tablet with a QR code app, such as* QR Code Scanner
- *Laminated QR codes in a basket*
- *Small suitcase*
- *Age four plus*

So gehts! *Here’s how it works!*

Die Kinder spielen das bekannte Spiel „Ich packe meinen Koffer“ heute einmal anders. Es geht darum, viele Wörter kennenzulernen, die mit dem Buchstaben F beginnen. In einem Korb liegen verschiedene QR-Codes (mit hinterlegten Bildern von Dingen, die mit F beginnen) und das Tablet bereit. Zudem stellt die Erzieherin einen kleinen Koffer neben den Korb. Die Kinder versammeln sich im Kreis, während Noah bereits beginnt, sich einen QR-Code aus dem Korb zu suchen und einzuscannen. Auf dem Display ist nun ein Foto von einer Flasche zu sehen, dieses zeigt er den anderen Kindern und sagt: „Ich packe meine Koffer und lege eine Flasche hinein.“ Noah legt seinen QR-Code in den kleinen Holzkoffer. Nun wird im Uhrzeigersinn fortgefahren. Das nächste Kind wiederholt den gesamten Satz seines Vorgängers inklusive aller bereits eingepackten Dinge und fügt das eigene hinzu. Reihum ist nun jedes Kind gefragt, einen QR-Code einzuscannen und nach der beschriebenen Verfahrensweise zu spielen.

Today, the children are going to play a different version of the game "I packed my bag". The aim is to become familiar with lots of words beginning with "F". Different QR codes are lying in a basket (each linking to things which begin with "F"), along with the tablet. The educator also places a small suitcase next to the basket. The children gather round in a circle while Noah sets about choosing a QR code from the basket and scanning it. A picture of a bottle now appears on the display. Noah shows this to the other children and says: "I packed my bag and in it I put a bottle." Noah places his QR code in the small wooden suitcase. The game continues in a clockwise direction. The next child repeats the previous child's sentence in full, including the items that have already been put in it and then adds his or her own item to the list. Each child is now asked in turn to scan in a QR code and play the game as described above.

Darauf achten! *Please note!*

Die Kinder behutsam in die Technik einführen. Keine Projekte nur um der Technik willen veranstalten und diese stets in die Lebensprojekte der Kinder eingliedern.

Introduce the children to the technology carefully. Do not conduct any projects merely for the sake of the technology itself and be sure to always integrate the activities into the lifetime projects of the children.

Das lernen die Kinder
What the children learn

- Sprachförderung: Anlaute erkennen, Wortschatzerweiterung
- Konzentration und Merkfähigkeit

- *Promoting language: Recognise initial sounds, expand vocabulary*
- *Concentration and retentiveness*

Ich zeige euch meine Stadt!

Let me show you my city!

Material / Alter *Materials / age*

- Tablet mit QR-Code-App, z. B. *QR Code Scanner* und Aufnahme-Funktion
- ab 5 Jahren

- *Tablet with QR code app, such as* QR Code Scanner, *and recording function*
- *Age five plus*

So gehts! *Here's how it works!*

„Wir drehen einen Film über unseren Stadtteil!" Dieses Projekt versetzt die Kinder der Vorschule in helle Aufregung. Mit ihrer Erzieherin Silke haben sie schon ausgiebige Spaziergänge unternommen und erkundet, welches die wichtigsten Gebäude in ihrem Viertel sind, welche Geschichte diese haben und wofür sie da sind. Es werden vier Orte ausgewählt, die vorgestellt werden sollen. Aron und Linus präsentieren z. B. das Rathaus. Zuerst haben sie gemeinsam mit Silke im Internet recherchiert, wie alt das Gebäude ist und was früher darin passierte. Zudem haben sie das Rathaus besucht und mit dem Bürgermeister gesprochen. Heute soll ihr Film entstehen, für den das Tablet benötigt wird. Während Aron filmt, berichtet Linus die wichtigsten Informationen zu diesem Ort, die in den letzten Tagen gesammelt wurden. Wieder im Kindergarten, hilft Erzieherin Silke beim Erstellen eines Vorspanns und schon ist der spannende Film fertig! „Das sollen unsere Eltern sehen!", beschließen die Kinder. Sie kleben Fotos der gefilmten Gebäude auf ein großes Blatt. „Aber wie kriegen wir jetzt die Filme darauf?", fragt Luisa besorgt. „Wir erstellen QR-Codes", schlägt

Aron vor. Die Erzieherin kümmert sich darum, die Filme online zu stellen und die entsprechenden QR-Codes zu erstellen. Am Nachmittag stehen die Eltern dann vor dem Aushang und richten ihre Handys auf die QR-Codes. Ein Klick und schon läuft der kurze Film über das auf dem jeweiligen Foto abgebildete Gebäude.

"We're making a film about our neighbourhood!" This project creates a flurry of excitement among the preschool children. With their educator Silke, they have already gone on numerous walks and identified the key buildings in their neighbourhood, the history behind them and their purpose. Four locations are selected for presentation. For example, Aron and Linus are going to present the town hall. They had first gone online with Silke to research the age of the building and its past usage history. They also visited the town hall and spoke to the mayor. Today, they are going to make their film using the tablet. While Aron films, Linus reports on the key information about this location, which they have gathered over the past few days. Back in the preschool, educator Silke helps them to produce the credits and the exciting film is finished! "Our parents should watch this", the children decide. They stick photos of the filmed building on a large sheet of paper. "But how are we going to put the film on it?", asks Luisa, concerned. "We could create QR codes", suggests Aron. The educator puts the films online and creates the corresponding QR codes. In the afternoon, the parents are then stood in front of the created display, pointing their phones at the QR codes. All it takes is one click and the short film about the building in the photo begins.

Darauf achten! *Please note!*

Die Kinder sollten behutsam in die Technik eingeführt werden – keine Projekte nur um der Technik willen veranstalten!

The children should be introduced to the technology carefully – do not conduct any projects simply for the sake of the technology itself!

Das lernen die Kinder

What the children learn

- Handlungen planen und sinnvoll umsetzen
- Kommunikation und Kooperation
- Regeleinhaltung
- Aktives Wissen über unsere Gesellschaft

- *Planning and meaningfully implementing actions*
- *Communicating and working with others*
- *Keeping to rules*
- *Active knowledge about our society*

Das Wachstum der Tiere

How animals grow

Material / Alter *Materials / age*

- Tablet mit QR-Code-App, z. B. *QR Code Scanner*
- etwa vier ausgedruckte QR-Codes pro Kind
- ab 5 Jahren

- *Tablet with a QR code app, such as* QR Code Scanner
- *About four printed QR codes per child*
- *Age five plus*

So gehts! *Here's how it works!*

Was wird eigentlich aus einer Raupe, was aus einer Kaulquappe und wer war eigentlich zuerst da: Das Ei, die Henne, oder doch der Hahn? Dieser Frage können die Kinder mit verschiedenen Büchern auf den Grund gehen. Viel schöner ist es doch aber, wenn sie die Tierwelt auch hautnah erleben können! Distelfalterraupen können z. B. bei verschiedenen Händlern bestellt werden, um das Wunder der Verwandlung von der Raupe zum Schmetterling beobachten zu können. Bei einem Besuch eines Bauernhofs können kleine Küken bestaunt werden und in der Nähe eines Teiches lassen sich vielleicht Kaulquappen beobachten. Mit Hilfe der QR-Codes können die Kinder dann ihr erworbenes Wissen zum Beispiel im Portfolio festhalten. Jedes Kind erhält die QR-Codes mit den verschiedenen Entwicklungsstufen des Tieres, ordnet sie, schneidet sie aus und klebt sie auf. Ergänzend kann noch etwas gefaltet oder gezeichnet werden.

What do caterpillars turn into? What about tadpoles? And what came first, the chicken or the egg, or was it the rooster? The children could get to the bottom of these questions by consulting a range of books. However, it is much better to experience the animal kingdom first hand! For instance, painted lady caterpillars can be ordered from a number of retailers, allowing the children to observe the miracle of their metamorphosis into butterflies. A visit to a farm gives the children an opportunity to marvel at little chicks, while a trip to an area surrounding a dam may afford them the chance to see some tadpoles. The children can then use QR codes to record their new knowledge in their portfolio, for example. Each child is given the QR codes with the different developmental stages of the animal. They then place them in order, cut them out and stick them up. The activity can then be supplemented with some origami or drawing.

Darauf achten! *Please note!*

Die Kinder behutsam in die Technik einführen. Keine Projekte nur um der Technik willen veranstalten und stets in die Lebensprojekte der Kinder eingliedern.

Introduce the children to the technology carefully. Do not conduct any projects merely for the sake of the technology itself and be sure to always integrate the activities into the lifetime projects of the children.

Das lernen die Kinder

What the children learn

- Wissen über das Wachstum und die Entwicklung von Tieren
- Sprachförderung
- Konzentration und Merkfähigkeit

- *Knowledge about the growth and development of animals*
- *Promoting language*
- *Concentration and retentiveness*

Kleine Welt ganz groß: Mikroskopieren

The tiny world becomes giant Microscopes

Material / Alter *Materials / age*

- Tablet oder PC
- Egg-Mikroskop
- unterschiedliche Materialien
- ab 3 Jahren

- *Tablet or PC*
- *Egg microscope*
- *different materials*
- *Age three plus*

So gehts! *Here's how it works!*

In vielen Kindergärten steht ein PC im Bereich der Kinder, den diese im Tagesablauf frei benutzen dürfen. Meistens wird daran gespielt oder die Vorschulkinder versuchen sich in ersten Schreibübungen. Schließt man ein Egg-Mikroskop über den USB-Anschluss an, erweitern sich die Nutzungsmöglichkeiten. Das Mikroskop ist sehr robust und passt gut in Kinderhände. Es lässt sich auf so ziemlich alles richten, was an Material vorhanden ist: Buchdeckel, Strumpfhosen, Haare, Blätter, Käfer, Wasser, Farbe, Schnee oder Erde. Und selbst die lästige Läusebekämpfung kann plötzlich zu einem hochspannenden Projekt werden ...

Many nurseries have a PC in the children's area for them to use freely throughout the course of the day. They usually use it to play and the nursery children use it to practice their first writing exercises. Connecting an egg microscope via USB expands the range of options for use. The microscope is very robust and fits well in a child's hands. It can be used to examine pretty much any of the materials in and around the nursery: book covers, tights, hair, leaves, beetles, water, paint, snow and soil. Even the tedious process of eradicating lice can suddenly be turned into a fascinating project …

Darauf achten! *Please note!*

Legen Sie ein Tablett oder Brettchen vor den PC, damit die Kinder die Materialien, die sie untersuchen wollen, gut ablegen und sortieren können.

Place a tray or a board in front of the PC to allow the children to deposit and sort through the materials they wish to investigate.

Das lernen die Kinder
What the children learn

- Technik verstehen
- Selbstaktivität
- Thesen bilden: Was steckt hinter den Dingen, die wir sehen können?
- Reflexion zum Perspektivwechsel

- *Understanding technology*
- *Self-activity*
- *Forming hypotheses: What is behind the things that we can see?*
- *Reflection for a new perspective*

Wie heißt der Baum? Pflanzenbestimmungs-Apps

What is this tree called? Plant identification apps

Material / Alter *Materials / age*

- Pflanzenbestimmungs-App, z. B. *iPflanzen*
- Tablet
- Blätter oder andere Pflanzenteile
- ab 4 Jahren

- *Plant identification app, e. g.* iPflanzen
- *Tablet*
- *Leaves or other plant parts*
- *Age four plus*

So gehts! *Here's how it works!*

Mühselig ist es, mit Hilfe von Naturführern Pflanzen zu bestimmen: Zuerst bei den Bäumen diejenigen mit Blättern statt Nadeln heraussuchen, bei diesen dann nach runden Blättern sortieren und anschließend überprüfen, welche wiederum von diesen wechselständig am Zweig sitzen – nichts für Kindergartenkinder, schon allein wegen des hohen Verschriftlichungsgrades! Bei allen Themen, bei denen es um Kategorisierung geht, sind digitale Medien kaum zu schlagen: Mit Hilfe einer Pflanzenbestimmungs-App lässt sich per Ausschlussprinzip selbst der Name einer seltenen Pflanzensorte sekundenschnell herausfinden.

Using nature guides to identify flora is a laborious process: You first have to select trees with leaves rather than needles, then sort these leaves to find the round ones, then check the round ones to determine which ones alternate on the branch – not at all suitable for nursery children, not least because of the high degree of notation involved! When it comes to topics involving categorisation, almost nothing beats digital media: Using a plant identification app even allows the children to find the name of a rare plant species in seconds by employing the principle of exclusion.

Darauf achten! *Please note!*

Begleiten Sie die Kinder bei diesen Aktivitäten und geben Hilfestellungen, wenn es nötig ist.

Supervise the children in these activities and provide assistance as required.

Das lernen die Kinder
What the children learn

- Vergleichen können
- genaues Beobachten
- Kooperation
- Sprachfähigkeit
- ein Nachschlagewerk benutzen können

- *Comparing things*
- *Making accurate observations*
- *Cooperation*
- *Improving their language skills*
- *Using a reference work*

Beobachtung und Dokumentation mit Tablets

Observation and documentation with tablets

Und wie dokumentiere ich all diese wertvollen Bildungsmomente, die digitale Medien hervorbringen können? Die einfache Antwort: natürlich mit Tablet, Digitalkamera und Co. Schon der Siegeszug der Digitalkamera hat in puncto Dokumentation für eine erste kleine, arbeitsorganisatorische Revolution gesorgt. Nun kommt das Tablet hinzu, das vielfältiger einsetzbar ist als die Digitalkamera. Das Aufnehmen von Fotos geht Hand in Hand mit dem gleichzeitigen Festhalten von Kurzkommentaren. Mit der „Bereitstellungs-Funktion" des digitalen Helfers sparen Sie Zeit: Sofern Ihr Tablet mit dem WLAN verbunden ist, können Sie die entstandenen Fotos oder von Kindern erstellten Filme direkt speichern oder versenden.

Ebenfalls ermöglicht das große Display, die entstandenen Bilder Kindern, Kolleginnen und Eltern vorzuführen: „Schaut mal, was ich bei Jonas beobachtet habe!", könnten Sie dann in der Teamkonferenz die Vorführung eines Mitschnittes aus der Bauecke einleiten. „Ich muss Ihnen einfach zeigen, wie toll die Kinder heute ‚Paule Buhmann' gesungen haben!", könnte es beim Abholen heißen. Und in jedem Fall werden Sie die Kinder nach dem Abschluss des Theaterstücks oder der spontanen Bandprobe bitten, den Live-Mitschnitt noch viele Male vorzuführen – wetten?

Ein Tipp zuletzt: Viel Speicherplatz hat ein herkömmliches Tablet nicht. Sie sollten sich zum Speichern von Filmen und Dokumenten für das digitale Portfolio unbedingt eine externe Festplatte beschaffen, auf die Sie regelmäßig entstandene Dokumente überspielen.

And how do I document all these valuable educational moments that can be created using digital media? The simple and obvious answer is: Using tablets, digital cameras and other technologies. The triumph of the digital camera alone has brought about the first small documentation revolution in our work organisation. And now the tablet has arrived, a device far more versatile than the digital camera. Taking photos goes hand in hand with recording brief commentaries at the same time. You can save time with the digital assistant's retrieval function: As soon as your tablet is connected to WiFi, you can directly store or send the created photos or the films created by the children.

The large display also makes it possible to present the children's photos to colleagues and parents: "Look what I've seen Jonas doing!" would be one way to begin a presentation at the team conference of a recording from the building corner. "I've just got to show you how brilliantly the children sung 'Paule Buhmann' today", an educator may say as the children are being picked up. And you can bet that you will ask the children to show the live recording of their play or spontaneous band practice many times afterwards.

One more tip: Conventional tablets do not have a great deal of storage capacity. You should definitely purchase an external hard drive for storing films and documents for the digital portfolio and transfer the regularly created files to this device.

Ein Wort zum Schluss

A word in closing

„Viele der Vorschläge könnte man aber auch ohne digitale Technik umsetzen!", werden manche Leser sagen – und sie haben Recht: Mit wenigen Ausnahmen übersetzen die hier vorgestellten Angebote nur bereits vorhandene Ideen in die Welt digitaler Medien. Alles andere widerspräche auch dem, wozu Medien gedacht sind: Sie sollen seit jeher Dinge, die man sowieso tun möchte, vereinfachen. Manchmal vergessen wir, dass auch die uns schon immer bekannten Medien wie Bücher und Spiele ursprünglich als Alternative zu bereits vorhandenen Kommunikations- und Spielformen entstanden sind. Das Märchenbuch hat das Erzählen vereinfacht, aber bestimmt auch gleichzeitig ein wenig von dessen spontanem Reiz gemindert, und „Mensch, ärgere dich nicht!" hat viele spontan entstehende Spiele vereinheitlicht.

Obwohl also wenig Neues hinzukommt, wenn Tablet, Digitalkamera und Beamer den Kindergarten erobern, halten wir es für unabdingbar, diesen Prozess aktiv zu unterstützen:

Erstens, weil die Neuen Medien längst den Alltag der Kinder erreicht haben, weil sie vielfach direkten Zugriff haben – z. B. zu Hause. Und wer, wenn nicht wir Pädagogen, sollte ihnen zeigen, wie man mit diesen manchmal ganz schön verführerischen Geräten kreativen, spielerischen und sinnvollen Umgang pflegen kann?

Zweitens vereinfachen digitale Medien die Arbeit im Kindergarten enorm. Klar, man könnte anstelle der

"But you could also implement many of these suggestions without using digital technology", some readers may say – and they are right: With a few exceptions, the activities proposed in this book simply translate existing ideas into the world of digital media. Anything else would contradict the basic purpose of media, which has always been to simplify things that we want to do anyway. Sometimes we forget that types of media very familiar to us from of old, such as books and games, were originally created as alternatives to existing forms of communication and play. The fairytale book has simplified the storytelling process, but has most likely also taken away a little of the spontaneous appeal of stories, while "Mensch, ärgere Dich nicht!" has standardised many spontaneous games.

So, while the take-over of nurseries by the tablet, the digital camera and the projector many not add much that is new, we believe that it is essential to actively support this process:

Firstly, because the new media have long arrived in children's everyday lives and they have direct access to them in many places, including at home. And if not we educators, then who is going to show them how to use these at times highly enticing devices in a creative, fun and meaningful way?

Secondly, digital media greatly simplify nursery work. Obviously, you could also make dice instead of using the device app and stick portraits of the children to them or use a camera to make animated films, but this usually takes up

Würfel-App auch Würfel basteln und mit dem Konterfei der Kinder bekleben oder Trickfilme mit Hilfe einer Kamera herstellen – aber vieles kostet einfach unendlich viel mehr Zeit. Es ist gut, diese an den richtigen Stellen zu sparen, um sie dann zu haben, wenn die Kinder sie wirklich brauchen: bei der Begleitung ihrer Spiele.

Also lautet unser Plädoyer: Beweisen Sie Mut zur Vereinfachung, indem Sie digitale Techniken nutzen. Aber nutzen Sie diese mit den Kindern sinnvoll und gezielt und auf eine Weise, bei der Sie das Gerät nicht „in Besitz nimmt". Finden Sie heraus, bei welcher Erreichung von pädagogischen Zielen es Ihnen am meisten nützt!

far more time. It is good to save time in the right places in order to free it up again for when the children really need it: when you are supervising their games.

That is why we advocate being bold and simplifying things by using digital technology. But be sure to use this technology in a meaningful and targeted way with the children, avoiding "taking possession" of the device yourself. Find out how it is most useful to you in achieving relevant educational goals.

10 Regeln zum Unfallschutz

1. Kein Gerät ohne gültige technische Prüfsiegel einsetzen und auf regelmäßige VDE-Prüfung (DIN Norm zur technischen Sicherheit von elektrischen Geräten) von allen festen und beweglichen elektrischen Anlagen achten. Nachweise aufbewahren.
2. Kabel nicht lose herumliegen oder -hängen lassen. Notfalls am Boden festkleben oder mit Kabelträgern am Boden befestigen.
3. Elektrische Geräte erzeugen Wärme, deshalb diese nie abdecken.
4. Nur kindersichere Steckdosen im Kindergarten benutzen.
5. Kinder in die Benutzung von Geräten einweisen und im Alltag immer darauf achten, dass diese richtig verwendet werden.
6. Der Erwachsene ist Vorbild. Was die Großen tun, werden die Kinder nachmachen.
7. Bei allen Geräten, vor allem bei großen Beamern, immer auf Standsicherheit achten.
8. Laptops, PCs und große Beamer nie über Kopfhöhe der Kinder abstellen. Sie könnten herunterfallen und Unfälle verursachen.
9. Bei allen Aktivitäten das Alter und den Entwicklungsstand der Kinder berücksichtigen.
10. Mit den Kinder darüber sprechen, warum Wasser und Strom für den Menschen gefährlich werden können. Kleinere Kinder, die dies noch nicht verstehen können, nicht alleine und unbeaufsichtigt mit Geräten hantieren lassen.

10 rules for preventing accidents

1. *Do not use a device without a valid technical certification mark and regular VDE testing (DIN standard for the technical safety of electrical devices) of all fixed and mobile electrical systems. Retain certificates.*
2. *Do not leave cables lying or hanging around. If necessary, stick them to the floor with tape or cable trays.*
3. *Never cover electrical devices, as they generate heat.*
4. *Only use child-proof electrical sockets in the nursery.*
5. *Instruct children in how to use the devices and always ensure that they are being used correctly by the children on a day-to-day basis.*
6. *Adults are role models. The children will copy what the adults do.*
7. *Always ensure that all devices are stable, especially larger projectors.*
8. *Never place laptops, PCs and large projectors above children's heads, as they could fall down and cause accidents.*
9. *Take into account the children's ages and developmental stages in all activities.*
10. *Discuss with the children why water and electricity could present a hazard to people. Do not leave smaller children, who are not yet able to understand this, alone and unsupervised with devices.*

10 Regeln zum Datenschutz

1. Daten sicher speichern. Smartphone, Tablet, Laptop, Speicherkarten, USB-Sticks etc. sicher und für Dritte unzugänglich aufbewahren.
2. Fotos, Tonaufnahmen etc. nur innerhalb der Einrichtung zeigen. Für andere Verwendungen, z. B. die Internetseite des Kindergartens, schriftliche Einwilligungen der Eltern einholen.
3. Fotos, Tonaufnahmen etc. nur mit schriftlicher Einwilligung der Eltern an Dritte (auch andere Eltern, Großeltern etc.) weitergeben.
4. Vorsicht beim Verkauf gebrauchter Geräte. Daten können trotz Löschvorgang wiederherstellbar sein. Vom Fachmann löschen lassen!
5. Vorsicht bei der Benutzung privater Geräte. Fotos, Tonaufnahmen etc. dürfen den Kindergarten nicht verlassen. Am besten nur Geräte der Einrichtung nutzen.
6. Vorsicht beim Versand von Fotos, Tonaufnahmen etc. in E-Mails, z. B. dem Eltern-Newsletter. Haben die Eltern der Verwendung zugestimmt? Sind die E-Mail-Adressen aktuell?
7. Vorsicht bei der Benutzung sogenannter Cloud-Speicher. Sind die Daten sicher und wirklich nur befugten Personen zugänglich?
8. Persönlichkeitsrechte achten: Kinder fragen, ob Fotos im Kindergarten ausgestellt werden dürfen.
9. Eltern und Erzieher mit Datenschutzregeln und dem Umgang mit Persönlichkeitsrechten vertraut machen. Kinder informieren und einbeziehen.
10. Fotos, Tonaufnahmen etc. am Ende der Kindergartenzeit an Eltern übergeben oder vernichten.

10 rules for data protection

1. *Store data securely. Store smartphones, tablets, laptops, memory cards, USB sticks, etc. securely and out of reach of third parties.*
2. *Only show photos, play audio recordings, etc. within the nursery. When it comes to other applications, such as the nursery's website, obtain written consent from parents.*
3. *Only pass on photos, audio recordings, etc. to third parties (even other parents, grandparents, etc.) with the written consent of the parents.*
4. *Take care when purchasing used devices. It may be possible to restore data, despite it having been deleted. Have it deleted by a specialist!*
5. *Take care when using private devices. Photos, audio recordings, etc. must not leave the nursery. Wherever possible, use nursery devices only.*
6. *Take care when sending photos, audio recordings etc. by e-mail, e. g. in the parents newsletter. Have parents agreed to the use of this data? Are the e-mail addresses up to date?*
7. *Be careful when using cloud storage solutions. Is the data secure and really only accessible to authorised individuals?*
8. *Respect personality rights: Ask children whether photos can be displayed in the nursery.*
9. *Familiarise parents and educators with data protection rules and how to deal with personality rights. Inform and include the children.*
10. *Hand over photos, audio recordings, etc. to parents or destroy these media once children leave nursery.*

Danksagung

Acknowledgements

Unser großer Dank gilt Silke Schaper, ohne die dieses Buch nicht möglich gewesen wäre. Sie hat mit ihren Kindern aus dem *Klax Kindergarten Regenbogenhaus* die meisten Projekte durchgeführt. Bei der Erstellung dieses Buchs stand sie uns mit Rat und Tat zur Seite. Silke Schaper ist Erzieherin, Spezialistin für Naturwissenschaften und hat beim *Haus der kleinen Forscher* und im Bereich der Waldpädagogik zahlreiche Workshops besucht. Sie ist Ansprechpartnerin für Fachschüler der *Klax Fachschule für Erzieher*. 2013 wurde sie von den *Klax* Kindergärten zur Erzieherin des Jahres gewählt.

We would like to express our sincerest thanks to Silke Schaper, without whom this book would not have been possible. She has conducted most of the projects with her children at the Klax Kindergarten Regenbogenhaus. *She provided us with advice and assistance during the process of creating this book. Silke Schaper is a preschool educator specialising in natural sciences and has attended numerous workshops at* Haus der kleinen Forscher *and in the field of forest education. She is the contact for students at the* Klax Fachschule für Erzieher. *She was voted educator of the year by the* Klax *nurseries in 2013.*

Diese Apps empfehlen wir

We recommend the following apps

- popplet lite: zum Erstellen von Mindmaps, Brainstorming
- Book Creator: z. B. zum Erstellen von Erinnerungsbüchern von Gruppenfahrten
- QR Code Scanner: für die Arbeit mit QR-Codes
- Puzzelbox: für das Erstellen von eigenen Puzzeln
- youmatch: für das Erstellen von eigenen Memoryspielen
- Make Dice: für das Erstellen von eigenen Würfeln
- Puppet Pals: für das Erstellen von ICH-Filmen, zum Nacherzählen von Büchern und Geschichtensäckchen, zum Dokumentieren von Experimenten und Erlebnissen, zum Erfinden von Geschichten
- iMovie/StopMotion/Stummfilm: zum Erstellen von Filmen
- Podcasts: für das Ansehen von Filmen, z. B. „Die Sendung mit der Maus“ (WDR)

Bildungsbereich Sprache

- MyStoryBook/My Story: zum Erstellen von Büchern
- Voice Changer Plus: zum Verändern der eigenen Stimme
- TicTic/Music Color: zum Spracherwerb, Wortschatzerweiterung
- Einführung in die Buchstaben/Erstes Schreiben, erstes Lesen/ABCMaschine

- *Popplet Lite: for creating mindmaps and brainstorming*
- *Book Creator: e. g. for creating memory books of group trips*
- *QR Code Scanner: for working with QR codes*
- *Puzzlebox: for creating your own puzzles*
- *YouMatch: for creating your own memory games*
- *Make Dice: for creating your own dice*
- *Puppet Pals: for creating ME films, retelling book stories and little bags of stories, documenting experiments and experiences, and creating stories*
- *iMovie/Stop Motion/Silent Film Studio: for creating films*
- *Podcasts: for watching films, e. g. "Die Sendung mit der Maus" (WDR)*

Linguistic education

- *MyStoryBook/My Story: for creating books*
- *Voice Changer Plus: for changing your own voice*
- *TicTic/Music Color: for language learning, vocabulary expansion*
- *Einführung in die Buchstaben/Erstes Schreiben, erstes Lesen/ABCMaschine*

Bilingual (German/English)

- *Rainy Days: A Stella and Sam Adventure*
- *ABC Balloons & Letters*
- *Little Writer – The Tracing App for Kids*

Bilingual (Deutsch/Englisch)

- Rainy Days: A Stella and Sam Adventure
- ABC Balloons & Letters
- Little Writer – The Tracing App for Kids

Soziale Entwicklung

- Toca Tea Party
- Pizzalino
- Der kleine Markt

Bildungsbereich Musik

- Kinderlieder
- Kleiner Fuchs Kinderlieder
- GarageBand

Social development

- *Toca Tea Party*
- *Pizzalino*
- *The Little Market*

Music education

- *Kinderlieder*
- *Kleiner Fuchs Kinderlieder*
- *GarageBand*

Social education

- *Barefoot World Atlas*
- *Ampelini – Spiele und Spaß für Kinder ab 4 Jahren*
- *Sankt Martin*

Art room education

- *Color Effects – Photo Editor*
- *Faces iMake*
- *Tayasui Sketches*
- *Meine kleine Rakete*

Universal education

- *Bird Guide for kids*
- *Animals 360*
- *Die Waldfibel*
- *iPflanzen*
- *Experia Kids – Chemie & Physik*
- *Die Tropfenreise*

Bildungsbereich Gesellschaft

- Barefoot Weltatlas
- Ampelini – Spiele und Spaß für Kinder ab 4 Jahren
- Sankt Martin

Bildungsbereich Atelier

- Color Effects – Photo Editor
- Faces iMake
- Tayasui Sketches
- Meine kleine Rakete

Bildungsbereich Universum

- Vogelatlas für Kinder
- Animals 360
- Die Waldfibel
- iPflanzen
- Experia Kids – Chemie & Physik
- Die Tropfenreise

Bildungsbereich Mathematik

- Bugs and Numbers
- Meine ersten Tangrams HD/Tangram Mania
- My Mosaic
- Flow Free
- Erstes Zählen, erstes Rechnen/Einführung in die Mathematik
- Ich lerne die Uhr

Numeracy education

- *Bugs and Numbers*
- *My First Tangrams HD/Tangram Mania*
- *My Mosaic*
- *Flow Free*
- *Erstes Zählen, erstes Rechnen/Intro to Math*
- *Ich lerne die Uhr*

Physical and health education

- *This is my body – Anatomy for kids*
- *The Human Body*

For crèche and younger nursery children

- *MusicColor*
- *Tap Tap Toink*
- *Fiete*
- *Wimmelbooks: Tatütata, Meine Stadt*
- *Nighty Night! HD*

Bildungsbereich Körper, Bewegung und Gesundheit

- Das ist mein Körper – Anatomie für Kinder
- The Human Body

Für die Krippe und jüngere Kindergartenkinder

- MusicColor
- Tap Tap Toink
- Fiete
- Wimmelbücher: Tatütata, Meine Stadt
- Schlaf gut HD

Autoren

Authors

Antje Bostelmann

Antje Bostelmann ist ausgebildete Erzieherin und bildende Künstlerin. 1990 gründete sie Klax, anfangs als private Malschule und Nachmittagsbetreuung mit künstlerischem Schwerpunkt, heute ein überregionaler Bildungsträger mit Krippen, Kindergärten und Schulen in Deutschland und Schweden. Sie entwickelte die Klax Pädagogik, ein modernes pädagogisches Konzept, welches das Kind in den Mittelpunkt der pädagogischen Arbeit stellt und das allen Einrichtungen von Klax zu Grunde liegt. Sie entwickelt Lern- und Spielmaterialien für die Arbeit in Kindergarten und Krippe und gibt als Referentin bei Kongressen, Workshops und Fortbildungen ihre Erfahrungen und Ideen weiter. Seit 1995 hat sie zahlreiche pädagogische Fachbücher veröffentlicht, darunter viele Bestseller. Antje Bostelmann ist Mutter von drei Kindern und lebt in Berlin.

Michael Fink

Michael Fink ist ausgebildeter Kunstpädagoge. Er ist als Autor vieler pädagogischer Fachbücher, Berater und Dozent in der Weiterbildung von Erziehern und Lehrern tätig. Schwerpunkt seiner Arbeit ist dabei der kreativ-künstlerische Bereich: Es fasziniert ihn, wie intensiv schon ganz kleine Kinder lernen, wenn sie sich mit gestalterischen Aufgaben auseinandersetzen. Michael Fink sucht immer wieder neue Wege, um Pädagogen Anstöße für eine veränderte Arbeitsweise zu geben, indem er ungewöhnliche Aktionsausstellungen zu pädagogischen Themen entwickelt.

Antje Bostelmann

Antje Bostelmann is a qualified nursery nurse and visual artist. She founded Klax in 1990. Initially set up as a private art school and afternoon childcare centre with an artistic focus, it is now a supra-regional education provider with crèches, nurseries and schools in Germany and Sweden. She developed the Klax educational approach, a modern concept that puts the child at the heart of educational activities and provides the foundation for all Klax institutions. She develops learning and play materials for use in crèches and nurseries and passes on her experience and ideas as a speaker at international conferences and workshops and on training courses. She has published a number of educational textbooks since 1995, many of which became bestsellers. Antje Bostelmann has three children and lives in Berlin.

Michael Fink

Michael Fink is a qualified art educator. Author of many textbooks, he works as a consultant and lecturer in the in-service training of educators and teachers. His work is focused in this context on the creative and artistic sector: He is fascinated by the way that even very small children engage in intensive learning when they tackle creative tasks. Michael Fink is always looking for new ways to provide educators with impetus for changing their way of working. To this end, he develops unusual action exhibitions on educational topics.

STROM, TECHNIK UND COMPUTER IM KINDERGARTEN

Antje Bostelmann, Christian Engelbrecht,
Heiko Mattschull
118 Seiten, Ringbindung
zweisprachig: Deutsch/Englisch
ISBN 978-3-946829-13-3

33 einfach umsetzbare Projektideen

Warum leuchtet die Glühbirne? Wie wird ein Computer programmiert? Was kann man mit einem 3D-Drucker machen? Die Praxisbeispiele in diesem Buch zeigen Schritt für Schritt, wie Sie spannende Angebote zur Förderung von Technikverständnis und Informationskompetenz in der Kita kinderleicht gestalten können.

Mit ganz wenig Technik und vielen Alltags- und Recycling-Materialien entstehen so malende Roboter, leuchtende Glitzerflaschen und selbstfahrende Autos. Außerdem stellen wir Ihnen verschiedene Lernroboter vor und erklären, welche genialen Möglichkeiten ein 3D-Drucker bietet. Und auch wie Sie mit einfachen Bewegungsspielen ganz ohne Computer und technische Ausstattung den Geheimnissen des Programmierens auf den Grund gehen, erfahren Sie in diesem Buch.

Bananenblau – Der Praxisverlag für Pädagogen

Arkonastr. 45–49
13189 Berlin

Tel. 030-47796-146
Fax 030-47796-204

info@bananenblau.de
www.bananenblau.de

Mini-Maker

Medienkompetenz im Kindergarten

Wer die Zukunft bilden will, muss sich mit ihr auseinandersetzen!

Deshalb bieten wir eine Vielzahl von verschiedenen Praxisfortbildungen im Bereich „Mini-Maker", sowohl für Einzelpersonen als auch Gruppen an, um pädagogische Fachkräfte zu befähigen, pädagogisch durchdachte Maker-Angebote und Bildungsprojekte im Bereich „Digitale Medienkompetenz" eigenständig im Kindergarten durchzuführen.

Die Teilnehmenden erhalten in enger Theorie-Praxis-Verzahnung das nötige Know-how für eine erfolgreiche Planung und Durchführung von Lernangeboten genauso wie didaktische Tipps und Hintergrundwissen zum Spielen und Lernen von Kindern in der digitalisierten Welt.

Institut für Klax-Pädagogik

Arkonastr. 45–49, 13189 Berlin
Tel.: 030 477 96 145

institut@klax-online.de
www.klax-institut.de
www.mini-maker.de